媒体眼中的
2022年世界技能大赛
特别赛

世界技能大赛中国组委会 编

中国人力资源和社会保障出版集团

 中国劳动社会保障出版社 中国人事出版社

图书在版编目(CIP)数据

媒体眼中的2022年世界技能大赛特别赛 / 世界技能大赛中国组委会编. -- 北京：中国劳动社会保障出版社：中国人事出版社，2023
ISBN 978-7-5167-5837-3

Ⅰ.①媒… Ⅱ.①世… Ⅲ.①职业技能-竞赛-概况-世界 Ⅳ.①C975

中国国家版本馆 CIP 数据核字（2023）第 029013 号

责任编辑：高　文
　　　　　胡芳颖
责任校对：刘　森
责任设计：薛俊雷

中国劳动社会保障出版社
中国人事出版社 出版发行

（北京市惠新东街1号　邮政编码：100029）

＊

北京市艺辉印刷有限公司印刷装订　新华书店经销
787 毫米 × 1092 毫米　16 开本　18.75 印张　245 千字
2023 年 2 月第 1 版　2023 年 4 月第 2 次印刷
定价：56.00 元

营销中心电话：400-606-6496
出版社网址：http://www.class.com.cn

版权专有　　　侵权必究
如有印装差错，请与本社联系调换：（010）81211666
我社将与版权执法机关配合，大力打击盗印、销售和使用盗版图书活动，敬请广大读者协助举报，经查实将给予举报者奖励。
举报电话：（010）64954652

前　言

世界技能大赛是最高层级的世界性职业技能赛事，被誉为"世界技能奥林匹克"，是世界技能组织成员展示和交流职业技能的重要平台。

2022年9月中旬至11月下旬，世界技能组织在15个国家和地区举办2022年世界技能大赛特别赛，共设62个比赛项目，来自全球57个国家和地区的1000余名选手参加。中国派出36名选手参加了34个项目的比赛，共获得21枚金牌、3枚银牌、4枚铜牌和5个优胜奖，位列金牌榜和团体总分世界第一，实现了为国争光的目标。

比赛期间和比赛结束后，多家媒体对大赛比赛盛况、获奖选手事迹等进行了全方位、多角度的宣传报道，各类媒体编发了大量质量高、分量重的稿件以及形象直观、生动活泼的新媒体产品。为全面贯彻党的二十大精神，更好地宣扬技能成才、技能报国理念，弘扬劳模精神、劳动精神、工匠精神，世界技能大赛中国组委会从各类宣传报道中摘选部分文章汇编成册，以期帮助广大读者更好地了解2022年世界技能大赛特别赛。

由于汇编工作时间紧，不妥之处，敬请批评指正。

世界技能大赛中国组委会

目 录

《人民日报》(《环球时报》、环球网) / 1
提升技能促进高质量充分就业 / 2
看！金牌工匠这样炼成 / 5
制造业强国需更多"技能奥运冠军" / 12
世界顶尖水平在毫米间角逐　中国高级蓝领在世界赛场"争金夺银" / 15
环球时报专访6位世界技能大赛冠军："22岁"的世界冠军擦亮中国"匠造" / 19

新华社 (《参考消息》) / 27
在"世界技能奥林匹克"赛场上　中国队暂列金牌榜首 / 28
"青年鲁班"向世界展示中国的工匠精神 / 32
摘金夺银！这些中国姑娘太棒了 / 35
展示中国青年工匠技艺的世界舞台——2022年世界技能大赛特别赛法国赛区侧记 / 39
在世界舞台展现中国工匠卓越技艺——2022年世界技能大赛特别赛侧记 / 43
【外媒评述】中国培养"大国工匠"须除"职教偏见" / 49

中央广播电视总台 (央视网) / 51
【面对面】玩转"工业母机"！专访世界技能大赛数控车冠军吴鸿宇 / 53
【青春匠心】杨书明：闪耀世界的"青春代码" / 60
【青春匠心】马宏达："00后"敢"亮剑"　抹灰勇夺冠 / 64
【青春匠心】侯坤鹏　唐高远：为机器人"注魂" / 68
【青春匠心】沈文青：美丽从"头"开始 / 72
【青春匠心】王珮：爱"美"才会赢 / 75
【青春匠心】杨灵芝：做一名花艺师是很幸福的事 / 78
【青春匠心】董青：赛场镂月裁云　霓裳技高一筹 / 81
【青春匠心】邵茹鹏：精雕细琢少年郎　志做当代小鲁班 / 85
厉害！跟妈妈在服装厂长大的她，获世界冠军 / 89

《光明日报》/ 93
高技能人才为经济发展注入"原动力" / 94
平凡技艺也能成就精彩人生 / 101
青春闪光须磨砺　技能精湛方有为 / 104
一砖一瓦筑青春　技能打造强国梦——2022年世界技能大赛奥地利赛区比赛侧记 / 113

《经济日报》/ 117
培育更多大国工匠 / 118
技能是就业市场"硬通货" / 120

媒体眼中的
2022年世界技能大赛
特别赛

技能奖牌见证产业升级 / 122

《工人日报》/ 125

从社交平台的点赞看世界技能大赛激起的涟漪 / 126
"00 后"闪亮世界技能之巅——2022 年世界技能大赛特别赛冠军掠影 / 129
【现场·我在我思】"解锁"朋友圈里世界技能大赛冠军的青春密码 / 137
当农村青年登上世赛技能之巅 / 140

《中国青年报》/ 145

世界技能大赛金牌得主马宏达：冠军并非"刮腻子"那么简单 / 146
恭喜"刮腻子"冠军让各行业人才都赢得喝彩 / 150

《中国日报（China Daily）》/ 153

Nation bags medals at skills contest / 154

《科技日报》/ 157

世界技能奥林匹克赛场上何以刮起中国风 / 158

中国网 / 169

捷报！2022 年世界技能大赛特别赛中国代表团在瑞士赛区斩获首金 / 170

中国新闻网 / 173

从技校走向世界冠军，这对"95 后"师徒如何做到 / 174

《中国组织人事报》/ 183

【"世界技能大赛特别赛"启示录一】捷报佳绩彰显制度优势 / 184
【"世界技能大赛特别赛"启示录二】用好技能竞赛练兵场 / 187
【"世界技能大赛特别赛"启示录三】用技能拓宽就业之路 / 190
技能之光点亮青春梦想——2022 年世界技能大赛特别赛观察 / 193

《中国劳动保障报》/ 199

匠心筑梦挥洒青春——2022 年世界技能大赛特别赛速览 / 200
技能报国　青春闪亮 / 205
不断开创技能人才队伍建设新局面 / 207
以提技能解青年就业难 / 209
推动更多青年实现技能就业 / 211
【揭秘世赛】巅峰之后续写芳华——世赛获奖选手的赛后人生 / 213
【揭秘世赛】"造星工厂"的工匠精神——技工院校技能报国的育才实践 / 218
【揭秘世赛】崇技重技　前景无限——从世赛获奖选手成长看技能人才成才通道 / 224

"技能中国"微信公众号 / 229

2022 年世界技能大赛特别赛化学实验室技术项目选手姜雨荷：荷若盛开　清风自来 / 230
与中国制造业一起成长——聚焦世界技能大赛特别赛广东省机械技师学院三选手 / 233

《北京日报》/ 239

这个大赛中国军团金牌第一，走进北京实训基地，揭秘"全球技能王" / 240

《解放日报》/ 245

【冲吧，青年！】为中国拿下铜牌，却是零的突破！她赴法参加这项奥林匹克，"搭档"10个老外 / 246

《第一财经》/ 253

"精细木工""刮腻子"成世界冠军，这些"00后"还有哪些职业选择 / 254

天目新闻 / 261

"00后"技能人才闪耀世界　职业教育不再有"天花板"/ 262

《钱江晚报》/ 267

初中成绩一般又调皮，如何拿到世界冠军？这位冠军回母校传授经验 / 268

《南方周末》/ 273

"技能报国"冲金之路：像奥运选拔一样，炼成技工"国家队" / 274

红星新闻 / 285

世界技能大赛特别赛上，这位成都教师助中国代表团实现项目金牌零突破 / 286

《人民日报》
(《环球时报》、环球网)

媒体眼中的
2022 年世界技能大赛
特别赛

提升技能促进高质量充分就业

2022 年 10 月 28 日

平均 120 秒砌一块砖，4 天砌出 5 面艺术墙；利用指定套件设计制作移动机器人，现场接受任务考核；一个人完成设计、制版、裁剪、缝制和装饰所有工序……

日前，2022 年世界技能大赛特别赛正在紧张进行中。这是当今规模最大、影响力最大的职业技能赛事，被誉为"世界技能奥林匹克"。我国共派出 36 名选手参赛，在已完赛的项目中，均取得了优异的成绩。自 2011 年首次参赛以来，我国已连续两届获得金牌榜、奖牌榜和团体

总分第一名,成功踏入世界技能竞技第一方阵。

人才队伍的结构往往是金字塔形。一名名顶尖技能选手的涌现,离不开技能人才队伍的整体壮大。党的十八大以来,我国高度重视技能人才队伍的培育与发展。截至2021年年底,全国技能人才总量超过2亿人,高技能人才超过6000万人。可以说,每一枚响当当的奖牌,都是新一代产业工人努力和智慧的见证。

与此同时也要看到,虽然我国技能人才队伍建设取得显著成就,但还不能称为技能强国。从总量上看,我国技能人才占就业人口总量仅为26%,占比仍不够高。从人才质量看,高技能人才占技能人才的比例为30%,能力素质还有待提升。从市场需求看,技能人才的求人倍率长期保持在1.5以上,技术工人"招工难"现象较为普遍。部分劳动者技能不足,让市场上就业难与招工难并存,结构性就业矛盾日益凸显。

我国有14亿多人口、约9亿劳动力,解决好就业问题始终是经济社会发展的一项重大课题。加快培养适应发展需要的技能人才,对于解决就业总量压力和结构性矛盾并存的状况具有重要意义。

党的二十大报告提出:"实施就业优先战略。""健全终身职业技能培训制度,推动解决结构性就业矛盾。"近年来,我国积极实施"技能中国"行动,出台一系列政策举措,持续完善技能人才的培养、使用、评价、激励制度。随着相关的法规政策框架体系基本形成,有利于技能人才成长和发挥作用的制度环境和社会氛围不断完善。

日前,中共中央办公厅、国务院办公厅印发《关于加强新时代高技能人才队伍建设的意见》,再次强调加大高技能人才培养力度。提出到"十四五"时期末,力争让技能人才占就业人员的比例达到30%以上,高技能人才占技能人才的比例达到1/3,为新时代加强高技能人才队伍建设指明了方向。

接下来,期待各地区各部门继续拿出真招、实招、硬招,贯彻落实好党的二十大精神，推动各项措施落地生效，及时释放政策红利，努力为技能人才提供成长、成才、实现价值的发展空间。

当前正值2022年世界技能大赛特别赛期间，上海还将举办2026年世界技能大赛。技能竞赛是弘扬技能风尚的窗口，更是培养高技能人才的抓手。各地区各部门要利用好世界技能大赛的影响力，让更多劳动者看到技能人才也能身披国旗走向世界舞台，从而点燃更多年轻人学技能、钻研技能的热情，在全社会积极营造崇尚技能、尊重人才的良好氛围。通过推动技能人才大发展，破解就业结构性矛盾，助力就业形势保持总体稳定。

对劳动者而言，市场的缺口就是机遇。当前，技能人才迎来了新的春天，不仅市场有需求，而且创新有舞台，成才有支撑，奋斗有回报。希望更多劳动者增强锐意创新的勇气、敢为人先的锐气、蓬勃向上的朝气，选择技能成才之路，在建设制造强国的新征程中建功立业。

作者：李心萍

看！金牌工匠这样炼成

2022 年 11 月 29 日

奥地利时间 11 月 27 日，2022 年世界技能大赛特别赛落下帷幕。世界技能大赛是当今世界地位最高、规模最大、影响力最大的职业技能赛事，被誉为"世界技能奥林匹克"。我国派出的 36 名选手在赛场上挥洒汗水，激扬青春，发扬执着专注、精益求精、一丝不苟、追求卓越的工匠精神，取得了优异成绩。

习近平总书记指出："要在全社会弘扬精益求精的工匠精神，激励广大青年走技能成才、技能报国之路。"我国自 2011 年首次参赛以来，连续3届获得金牌榜和团体总分第一名，成功踏入世界技能竞技第一方阵。为此，本报记者采访部分获得金牌的选手，倾听他们技能成才、技能报国的精彩故事。

——编 者

从训练场到赛场，他们千锤百炼、精益求精
——"用刻苦的训练精进技艺技能，以一技之长点亮梦想"

一把刮刀、一把灰泥，手起刀落毫不费力，留在墙上的一抹白底平整细腻，行云流水间透着深厚功底——从腻子使用量，到刮刀与墙面的角度，再到上墙的力道，样样有讲究。

在2022年世界技能大赛特别赛上，来自浙江建设技师学院的马宏达在抹灰与隔墙系统项目中获得金牌，实现了中国队在该项目上金牌零的突破。

"抹灰环节需要限时完成，操作误差不能超过1毫米，靠的是日积月累的肌肉记忆。"马宏达说。出生于2000年的他，从小在美术和动手能力上显现出特别的天赋。2016年中考前，马宏达通过提前招生进入浙江建设技师学院。一年后，他便加入学校的抹灰与隔墙系统项目实训队。

"舍不得睡。"这是马宏达在今年9月某天凌晨发布的一条微博。内容的配图，是在昏暗的实验楼内，一道光照亮他的工作台。备赛期间，马宏达每天训练时长不低于7小时；夏日炎热潮湿，训练服一天要换好几套；一双5厘米厚、能穿一年的防砸防刺的劳保鞋，在他脚上两个月就磨破了底……

"从60分到90分并不难，但只有千锤百炼、精益求精，才能应对各种挑战。"马宏达说。相比国内训练时采用的12～13毫米石膏板，比赛时使用的是仅有6毫米的石膏板，厚度差别带来可弯曲度的巨大变化，操作稍有不当就会让材料报废，这一度让马宏达犯了难。经过和团队一晚上的讨论，新方案及时敲定，这也得益于

他平时扎实的训练。

"越来越多像马宏达一样的青年人，用刻苦的训练精进技艺技能，以一技之长点亮梦想，也为中国制造、中国创造加油助力。"浙江建设技师学院院长钱正海说。

汗水沉淀从容，奋斗凝聚底气。回忆起训练的日子，2022年世界技能大赛特别赛移动机器人项目金牌获得者侯坤鹏、唐高远直言："所有的艰辛和付出都是值得的。"

侯坤鹏、唐高远两人分别于2017年、2018年进入漯河技师学院电气工程系工业机器人应用与维护专业学习。一次参加市里的光机电比赛，看到别的项目组操控移动机器人灵活运动，唐高远对此产生了强烈的好奇心，从此开始积累机器人相关知识。"零基础，都是凭借自己的兴趣坚持了下来……"唐高远说。

2018年，漯河技师学院电气工程系决定组建精英班，侯坤鹏入选，在这里，他与唐高远成为同学。刚到精英班时，唐高远一度难以理解函数的使用原理，侯坤鹏装配机器人不熟练。两个人面对困难的方法都是"加练"——晚上下课后，唐高远继续刷题，体会函数的作用；侯坤鹏则留出一个小时来练习拧螺丝等动作，克服紧张情绪。最终，他们以第一名的成绩通过2022年世界技能大赛国家队"六晋三"集训考核并代表中国队参加此次比赛。

刚进国家集训队时，有一次，为节省时间，尽快调试出合适的程序，他们一连在操作台吃了9天泡面；2021年，两个人几乎一年没有回过家，整日泡在学校的实训教室中，与教练一起解决新发现的问题……

对于未来，两个人都有清晰的规划："我们想继续留在学校任教，把自己在大赛上积累的经验、交流的知识，传授给学弟学妹们。"侯坤鹏、唐高远即将入职漯河技师学院，正式成为一名教师，投入到人才培养的工作中去。"我们想鼓励更多年轻人，积极投身到技能成才、技能报国的热潮当中。"

从领奖台到讲台，他们传递热爱、不负韶华
——"通过自己的努力，让更多人干一行、爱一行、专一行"

"想做好一件事，必须要付出百分百的努力。"江西环境工程职业学院报告厅中，一名身姿挺拔的小伙子正在同台下的同学们热聊，在他的胸前，一枚特殊的金牌格外引人注目……

这是中国代表团在 2022 年世界技能大赛特别赛上取得的首枚金牌，也是中国自参赛以来在家具制作项目上拿到的第一枚金牌。与金牌的光滑闪亮形成鲜明对比的是，这个名叫李德鑫的 22 岁年轻人手掌和指腹上布满了厚厚的老茧。

出生于"木匠之乡"江西省赣州市南康区，李德鑫从小就爱动手做小物件。2018 年，他高中毕业后进入江西环境工程职业学院……这所学校也是家具制作项目的国家级集训基地之一。

大二时，第 44 届世界技能大赛的备选选手徐志威来班级里交流，看着宣传片里身披国旗的前辈，李德鑫心动了，"原来好手艺也能为国争光"。经过层层选拔，李德鑫进入了校队，开始艰苦训练……

家具制作项目有 146 项进行打分的指标，以 1 米高的柜体总高为例，尺寸差要求在正负 0.5 毫米之内，做不到就得零分。

为了练好基本功，仅燕尾榫这一部件他就做了上千个；为了锻炼抗压能力，模拟比赛时，教练常常带着几十个同学来到现场围观，做出各种正式比赛时可能出现的干扰；为了在世界舞台上更好展现中国大国工匠的魅力，他的训练甚至包括形体、礼仪、语言等各个方面……"正是因为教练的严格要求和悉心指导，我的技艺才得到快速提高，以后我也会将这种精神传递给我的学生们。"刚刚成为老师的李德鑫感慨地说。

"参赛选手取得的巨大荣誉，让很多人看到了国家对技能人才的重视！这些金

牌选手为年轻人做出了榜样示范,起到了很好的引领作用。"中国技术指导专家组家具制作项目组长刘晓红说。

美容项目金牌获得者王珮也选择教书育人。"我想通过自己的努力,让更多人干一行、爱一行、专一行。"王珮说。

2017年,王珮选择了重庆城市管理职业学院的人物形象设计专业。后来,由于专业能力突出,她进入位于重庆的国家集训基地,遇到了影响自己一生的王芃老师。

对美容行业而言,克服手的稳定性问题、实现"对称"是必须攻克的难关。由于手不稳,她做睫毛时,容易导致睫毛粘连或不到位;做美甲时,在细小的甲片上画不出精致对称的图案;画眼线时,也常常歪歪扭扭不一致……

"为了帮我克服技术瓶颈,王老师不仅为我找来世界上各种前沿的范例资讯,指导我一遍遍练习,更让我领会到做好每一个细节的工匠精神。"回忆培训时光,王珮娓娓道来。

"技能成才之路很苦,只有不断坚持,才能够品尝到成功的香甜。"王芃耐心的教导让王珮逐渐沉下心来,不断琢磨、复盘,再训练数千遍;练习过的甲片、假睫毛等美容道具至少上万个。"走在路上,我会观察每一个人的五官和体态,把每一个路过的行人都当成我的考题。"王珮说。

"获得世界技能大赛金牌,从一个侧面反映出在某一领域的产业发展水平、职业教育模式和人才培养体系,"重庆市人力资源和社会保障局局长黎勇说,"这些金牌选手投入职业教育和人才培养事业中,不仅能有力传承高超技艺、冠军精神,更能激励带动、培训培养更多青年人才走上技能成才、技能报国之路。"

从工业制造到移动应用,他们不断开拓、追求卓越
——"最终站上领奖台的那一刻,感觉所付出的汗水一下子就值了"

时间回到2022年10月,德国莱昂贝格,来自广东省机械技师学院的吴鸿宇正

媒体眼中的 2022年世界技能大赛
特别赛

在参加2022年世界技能大赛特别赛数控车项目的比赛……

比赛一共分批量件、组合件、单件的切削加工3个模块的考核。"专家组提供图纸，选手根据图纸把零件加工出来，要保证加工的精度和尺寸以及加工出来的正确率。"吴鸿宇说，项目的难点就在于考验选手操作数控车的能力。

在备赛期间，吴鸿宇从早上8点开始，一次训练4小时，一天进行两到三次训练，有时候甚至延长到凌晨一两点钟才下课。

"机械类项目的操作，需要连续长时间动脑动手，教练陪着我们进行指导调整和分析，"吴鸿宇说，"当我把工件按照规定的尺寸制作出来时，会很有成就感、自豪感。"

用刻苦的训练精进技艺，用不懈的奋斗书写青春。在世界技能大赛特别赛上，来自广州市工贸技师学院的杨书明，成为移动应用开发这个新增项目的首位金牌获得者。

移动应用开发项目，要求在规定的时间内制作一个移动App，包含原型设计、界面实施、功能开发、App测试4个模块。此次比赛的任务是以世界技能大赛为主题，制作相关的展示性App，引导用户更加深入地了解该赛事。

"考题范围广、题量大，几乎所有参赛者在比赛结束前的最后一刻还在赶进度……"杨书明回忆。该项目不仅考验选手们的编程思维和对指定工具的熟练程度，也更加考验选手们的开放心态、创新精神和逻辑思维能力。

"选择了技能成才的道路，就要勇于付诸实践、坚持不懈。"杨书明说。在备赛期间，他一周六天训练，从早上8点到集训基地一直练到晚上8点，训练结束后再进行当天的技术总结，等忙完差不多过了晚上9点。

当听到颁奖典礼上宣布比赛结果时，杨书明忍不住与其他选手互相拥抱，跳起来庆祝。"最终站上领奖台的那一刻，感觉所付出的汗水一下子就值了！"

"技工教育是面向市场的就业教育；新兴产业或先进制造恰恰是技工教育应该

快速直接、最早进入的领域。"中国职业技术教育学会副会长陈李翔说。

记者：吴凯、窦皓、王者、杨颜菲、王欣悦、洪秋婷、姜晓丹

媒体眼中的
2022 年世界技能大赛
特别赛

制造业强国需更多"技能奥运冠军"

2022 年 10 月 20 日

在 2022 年世界技能大赛特别赛上，中国选手捷报频传。截至 10 月 19 日，中国代表团在已完赛的 17 个项目上获得 10 枚金牌、2 枚银牌、1 枚铜牌和 4 个优胜奖，暂列金牌榜第一。

世界技能大赛是当今世界地位最高、规模最大、影响力最大的职业技能赛事，由世界技能组织举办，每两年举办一次，被誉为"世界技能奥林匹克"，其竞技水平代表了当今职业技能发展的世界先进水平。

值得注意的是，按照世界技能大赛的竞赛规则，在全部 46 个竞赛项目中，有 42 个竞赛项目对参赛选手的年龄限制为 22 岁，其余如制造团队挑战赛、机电一体化、信息网络布线和飞机维修 4 个有工作经验要求的综合性项目，选手年龄限制为 25 岁。可以看出，这是一项以年轻人为主场的国际性技能大赛。很显然，中国队收获这样的成绩值得中国骄傲，这样的年轻人也应该成为众人仰慕的明星或者偶像。

人才是第一资源，技能人才是支撑中国制造、中国创造的重要力量。党的二十大报告提出深入实施人才强国战略。加快建设国家战略人才力量，努力培养造就更

多大师、战略科学家、一流科技领军人才和创新团队、青年科技人才、卓越工程师、大国工匠、高技能人才。数据显示，中国 2020 年出口的机器和系统产品在全球占比达 15.8%，首次超越德国，成为机械出口"世界冠军"。经过几十年的发展和积累，我国已经拥有了一支规模庞大的技能型人才队伍。据统计，截至 2021 年年底，全国技能人才总量超过 2 亿人，高技能人才超过 6000 万人，技能人才占就业人员总量的比例超过 26%。这是我国能够在历次世界技能大赛上屡获佳绩的重要基础，更是确保经济社会稳定持续发展的动能力量。

但是，我们必须清醒地认识到，与高质量发展的要求相比，当前我国技能人才仍存在着数量不足、结构不合理的问题。特别是在制造业一线，技能人才短缺现象更为突出，高技能人才的求人倍率（岗位空缺与求职人数的比率）长期保持在 2 以上。延续多年的"招工难""用工荒"在很大程度上是"招技工难""技工荒"。当前即便一些企业开出高薪也招不到人，企业急需的一些高技能人才依然"一人难求"。

导致技能人才不足的原因是多方面的。首先，作为技能人才培养阵地的职业技术教育存在着短板。职业技术教育是技能人才培养的摇篮，但却陷入了年轻人报考意愿不足的窘境，甚至一度成为"差生教育"的代名词。其次，技能人才待遇不高、职业发展前景不明的普遍现象，使得制造业一线对高素质年轻人的吸引力有所下降。目前，我国制造业一线职工的月平均薪酬水平大约为五六千元。较低的薪酬导致大量人员从制造业流出，形成了一些年轻人宁肯去跑快递当骑手也不愿进工厂的现象。

为了解决这些问题，近些年来，政府采取了一系列强有力的措施予以纠正。前不久，中共中央办公厅、国务院办公厅印发了《关于加强新时代高技能人才队伍建设的意见》，从培养、使用、评价、激励等多方面进行全方位部署。2021 年，人力资源社会保障部印发《"技能中国行动"实施方案》提出，"十四五"时期，要通过实施技能中国行动，新增技能人才 4000 万人以上。2018 年，中共中央办公厅、国务院办公厅印发了《关于提高技术工人待遇的意见》，明确提出要进一步完善企业工资分配制度，建立技术工人工资正常增长机制；国家发展改革委开展技能人才专项激励计划试点，建立健全培养、考核、使用、待遇相统一的激励机制；2019年，人力资源社会保障部、工业和信息化部印发了《关于深化工程技术人才职称制度改革的指导意见》，突破产业工人职业发展"天花板"。在企业层面，许多制造业企业也采取了涨薪、完善福利等积极措施留住人才。此外，不断改革职业教育体制，大力增强职业教育对年轻人的吸引力，也已取得积极成效。还要注意，近年来，各地为吸引人才，不断推出降低落户门槛、提供购房补贴等优惠政策，其中，高级技师等专业技术人才越来越受欢迎，不仅与硕士研究生、本科生享有同等的优惠条件，而且多地还在推动将高技能人才纳入城市的直接落户范围。

在党的二十大报告中，已经提出了要坚持把发展经济的着力点放在实体经济上，推进新型工业化，加快建设制造强国的目标。随着人才强国战略的稳步实施，相信会有越来越多的劳动者愿意走技能成才、技能报国之路，为增强国家核心竞争力和科技创新能力，缓解就业结构性矛盾，推动高质量发展贡献自己的力量。

对外经济贸易大学北京对外开放研究院研究员　李长安

世界顶尖水平在毫米间角逐
中国高级蓝领在世界赛场"争金夺银"

2022 年 10 月 22 日

　　正在如火如荼进行的世界技能大赛特别赛有 57 个国家和地区的 1000 多名职业院校学生参赛。中国代表团的首个喜讯在 10 月 15 日晚从瑞士赛区传来，中国选手李德鑫在家具制作项目中斩获首金。10 月 20 日，他对《环球时报》记者回忆称："现场压力很大，我参加的项目有 18 个国家的选手同台竞争。"管中窥豹，各国对专业技能人才培养的重视程度可见一斑。"世界技能组织的竞赛项目在全球范围内具有普适性，也充分反映了世界各地对职业人才的需求。"世界技能大赛中国（天津）研究中心副教授陈晓曦对《环球时报》记者表示。

世界顶尖水平在毫米间角逐

　　中国代表团在瑞士赛区斩获颇多，除家具制作项目外，中国选手在精细木工、木工、平面设计技术和印刷媒体技术项目上也有所收获。世界技能大赛特别赛精细木工项目冠军邵茹鹏向记者介绍，精细木工项目的考核标准十分严格，图纸与成品的尺寸误差不能超过 1 毫米，否则将被扣分。此外，两个杆件连接处的缝隙更是不能超过 0.2 毫米，这相当于仅仅两张 A4 纸的厚度。"成败都在细节之间。"谈起刚获得的冠军头衔，邵茹鹏表示，"其他选手的发挥也非常出色，我可能胜在了某些细节上。比如在榫卯结构内部，外界看不到的地方，也需要打磨得非常光滑整洁，不能有瑕疵。这也是裁判评分的参考之一。在近乎苛刻的标准下，选手们还需要争分夺秒，难度确实很大。"

"总体而言，世界技能大赛反映了全球职业技术教育与培训的最高水平。"天津职业技术师范大学博士张瑞说道，尤其在技术标准应用方面，世界技能大赛反映了国际最新的技术技能，还通过确立更新机制和举措，确保了竞赛项目的技术标准和竞赛活动相结合。

特殊人才供求量相差近 10 倍

艾瑞咨询发布的《全球职业教育行业发展报告》预计，2026 年全球职业教育市场规模将超过 8000 亿美元。劳动力短缺使得职业教育缺口数量猛增，各国对职业教育的重视程度与专业人才的需求度均在提升。10 月 19 日，全球知名财经媒体 Benzinga 报道称，世界技能大赛展现了职业技能人才在各国实现经济增长方面的重要性。随着中国进入新的发展阶段，产业升级和经济结构调整不断加快，各行业对于技术技能人才的需求日益迫切，职业教育的重要性也逐渐凸显。张瑞称："在各地调研中，都发现高级技工严重短缺问题，普通技工包括生活服务业的一线技工也是十分短缺。"

据报道，2020—2025 年，我国十大人才缺口重点领域主要为新一代信息技术、电力技术、新材料、高档数控机床和机器人、海洋工程装备和高技术船舶、节能与新能源汽车等。国家工业信息安全发展研究中心发布的《2020 人工智能与制造业融合发展白皮书》指出，据测算我国人工智能人才目前缺口超过 500 万人，国内的供

求比例为1∶10,供需比例严重失衡。

陈晓曦还对《环球时报》记者表示:"中国历来重视职业教育。进入21世纪,职业教育获得了长足发展。自2022年5月1日起施行修订后的《中华人民共和国职业教育法》为职业教育发展创造了更大的空间,国家层面发布指导意见,推动相关人才队伍建设;构建打造中国职业技能竞赛体系等,这些都为中国职业人才培养体系的未来建设打下了良好的基础。"

"拜师学艺"全球流行

纵观全球,美、欧、日、韩等制造强国和地区,都是世界技能大赛的积极成员,通过参加世界技能大赛拉动自身的职业技能竞赛和职业教育。"对中国而言,通过参加赛事活动,可以对自身的职业教育、技能人才培养水平有效地进行国际参照。通过对外职业技术教育与培训合作交流,可以提升对外影响力,助推对外经济合作和发展,实现多方共赢的局面。"张瑞称。

据了解,欧洲的职业人才教育可以追溯到中世纪的学徒制。当时,手工业在社会发展中开始处于重要地位,"工匠师傅"成为各行各业的生产主导者,社会地位也比较高,"拜师学艺"在当时很流行。随着工业的发展,约200年前,德国首先引入"双元制职业培训体系"(学生既是工厂徒工,也是职业学校学生)。欧洲经济界普遍认为,"德国制造"之所以获得全球青睐,与双元制职业培训密不可分。双元制职业培训在奥地利、瑞士等国也较为深入。近年来,西班牙、美国、中国等国家与德国也就此展开相关合作。

许多欧洲企业高管都出自双元制教育体系。比如,德国德意志银行的CEO克里斯蒂安·索温,高中毕业后进入德意志银行开始双元制学徒生涯,毕业后他在各个部门担任多个职位,2018年被任命为CEO。德国《图片报》当时报道的题目是"昔日的学徒,今日的总裁",认为他是德国双元制培训的成功典范。这样的例子在欧洲国家并不鲜见。而且，往往是双元制培训较为出色的国家，青年的失业率也较低，制造业较为发达，经济更为稳定。

"职业教育是国民教育体系和人力资源开发的重要组成部分，是培养多样化人才、传承技术技能、促进就业创业的重要途径。世界技能大赛为改变我国公众对职业教育、技能人才的成见提供了绝佳的机会。"陈晓曦称。

记者：付鸿烈

环球时报专访 6 位世界技能大赛冠军："22 岁"的世界冠军擦亮中国"匠造"

2022 年 11 月 12 日

编者的话：9 月中旬至 11 月下旬，被誉为"世界技能奥林匹克"的 2022 年世界技能大赛（以下简称"世赛"）特别赛在瑞士、德国、法国等 15 个国家分散举办。截至 11 月 11 日，中国代表团在已完赛的 27 个项目上获得 15 枚金牌、3 枚银牌、3 枚铜牌和 5 个优胜奖，暂列金牌榜第一。

在采访这些平均年龄仅有 22 岁的"技能奥运冠军"时，《环球时报》记者发现，当代中国青年，正秉承着中国工匠一以贯之的精神和风骨，以更加惊人的力量、勇气和智慧，将这种匠心应用到产业中和生活里。从对实用性的探究到对人性化的求索，再到科学选材甚或将中国传统技艺应用到高新科技领域，一步步从优秀到卓越，他们已成长为机械化时代的甘澈清流，且正通过开拓和创造，积极与世界接轨，拓宽人生疆域的同时，改变着世人看待过去、现在和未来的方式。

陈智勇：金牌背后是培养新能源人才的决心

"老师介绍世赛时，我便向往能有机会参加，为国争光。"来自广东省技师学院的学生陈智勇最终得偿所愿，在2022年世赛特别赛上获得可再生能源项目金牌。在接受《环球时报》记者专访时，陈智勇表示，冠军背后，记录着个人的成长蜕变，更凝聚着国家对培养高技能人才与发展可再生能源产业的巨大决心。

可再生能源项目是首次列入世赛的项目。"没有竞赛经验可以借鉴、没有技术文件可供参考。"陈智勇向记者回忆称，该项目要求选手在4天赛程17个赛时内完成风光互补发电系统的安装调试、电网保护系统配置、光伏和风电系统故障检修等任务。陈智勇告诉记者，让他完成这些任务的底气来自中国可再生能源技术的高速发展。他在与日本等国选手交流时发现，中国在该领域的相关技术已走在世界前列。同时，他实习时也感受到了中国在该领域的发展成果。

陈智勇的成长经历证明，中国的高技能人才正在新时代崭露头角。相关数据显示，截至2021年年底，全国技能人才总量超过2亿人，高技能人才超过6000万人。

陈智勇告诉记者，如今政府和学校为职校学生提供了广阔的平台，校企间合作密切。同时，陈智勇还向《环球时报》记者透露，许多职校学生都非常看好可再生能源在中国的发展前景，自己今后的志向也是在可再生能源领域继续深耕。

李德鑫:"是中国匠心给了我们直面世界的底气"

木作这门古老技艺已在中国大地上传承千年,并仍在不断精进。"中国独特的木作文化精神和匠人风骨在灿若星河的世界文化里格外耀眼,它延续在我们这一代人的血液里。以世赛为机,我们不仅要向世人展示中国技能,更要宣传中国传统木作的工匠精神、鲁班精神。"家具制作项目金牌获得者李德鑫用这样的开场白接受了《环球时报》记者的专访。该奖牌是中国代表团在本届世赛特别赛上取得的首金,也是中国自参加该赛以来,在家具制作项目上夺得的首金。

李德鑫是闻着木香长大的。他的家乡——江西省赣州市南康区是中国最大的实木家具生产基地。高考结束后,李德鑫填报江西环境工程职业学院家具艺术设计专业的初衷,也是希望能为家乡甚至中国的家具产业发展做出贡献。

入学后,李德鑫首先感受到中国近年来对职业教育的重视,"我非常幸运地赶上了技能教育的黄金年代"。同时,他也感受到技能型中国青年在社会各个行业发挥的作用。这让李德鑫更加专注于职业技能的积累,并通过了世赛选拔。

李德鑫在向记者复盘彼时的比赛现场时,仍能感觉到他在重压之下的紧迫感与果决向前的使命感。1小时内识图解图、22个赛时内完成作品……"是中国匠心给了我们直面世界的底气"。

如今，李德鑫已留在母校任教。他说，南康要培养10万星级木匠，"我校在南康设立的家具学院正在为这一愿景努力。我们将带着工匠精神去迎接新的使命、新的时代和新的世界"。

杨书明：技能改变人生与世界

杨书明的想象力从不循规蹈矩，这与他缜密有序的逻辑思维恰恰相反。他继承了中国工匠的果敢、睿智与专注，完成了对传统匠心的"数字化"焕新。在世赛特别赛上，他颠覆对手优势，成为移动应用开发这一世赛新增项目的首位金牌获得者。"中国青年在世赛上展现中国力量，我想他们成功的秘诀和我一样——坚毅执着、一丝不苟、精益求精。而这一切的动力，都来自技能改变命运的决心和技能改变世界的匠心。"杨书明对《环球时报》记者说道。

杨书明的参赛之路并非坦途。2015年，他结合自己的兴趣爱好，入读广州市工贸技师学院网站开发与维护专业，这被他称为"人生第一次重大抉择"。此后，杨书明7年内经历了第44届、45届和46届世赛3次国内选拔，但前两次都以失败告终。

杨书明对45届世赛记忆犹新，当时他取得了网站设计与开发项目全国选拔赛及国家集训队第一阶段考核的第一名，但却在距离世赛一步之遥时出现微小失误。曾因此一度自闭的他，

迎来了人生第二次重大抉择——转战移动应用开发项目。

"该项目涉及人们工作、生活等广泛领域。"杨书明说道。虽然这对杨书明来说，几乎要重学一门技能，但通过坚持、努力及对开放心态的锤炼，最终他站上了世界技能最高领奖台。

由于年龄限制，这次世赛也是杨书明的谢幕赛。他已做出又一次重大抉择——留校任教。"青年兴则国家兴。"他深信，未来，会有更多的中国青年越众而出，用颠覆性的创新为人类生活创造无限可能，续拨大国匠心那生生不息的强力脉动，那声音，细微却惊心。

王珮：因为热爱美容，拿下世界冠军

在世赛特别赛美容项目上，来自重庆城市管理职业学院的学生王珮拿下金牌，实现了中国在该项目上金牌"零的突破"。获奖那天，王珮发了一条朋友圈："3年前在俄罗斯埋下的种子终于在芬兰结果了。"

这不是她第一次站在世赛现场。王珮告诉《环球时报》记者："上一届世赛在俄罗斯举办，我作为二梯队选手去观赛。每当中国选手站上领奖台时，我都热泪盈眶，并希望有朝一日我也能像他们一样。"

其实，王珮接触美容这项技能的时间仅四年。"我的主修专业科目是人物形象设计。我从小就比较爱美，喜欢化妆。"大二一次偶然的机会，王珮了解到世赛设置了美容项目，于是她找到了未来职业的发展路径。

秉承着这份热爱，王珮不断钻研。为了筹备世赛，她设计了一套以凤头钗为灵感的美甲，这套美甲造型写意，兼具中国传统文化底蕴和创意。她还向记者展示了几副练习用的美甲，"我画了很多不同配色的美甲，以便在比赛时根据提供的服装或图片调整"。

在她看来，世界技能大赛不仅是竞技平台，更是交流互鉴的窗口，"可以将中国的传统美容技艺发扬出去，将国际操作标准引入进来"。走出赛场，她将回母校任教。"国家培养了我，作为回报，我希望也能为国家做一些贡献。"

侯坤鹏、唐高远：每个细节都做到极致

当下，随着人工智能的发展，机器人的开发和应用受到关注。在今年世赛特别赛移动机器人项目中，中国选手侯坤鹏、唐高远从来自16个国家的选手中脱颖而出，夺得冠军。

据了解，比赛要求选手模拟医院场景，使机器人独立完成"药物""轮床"的运送和回收工作。侯坤鹏告诉《环球时报》记者，他们需在3小时10分钟内完成整套流程，时间相对紧张。此外，他们在组装过程中发现，主办方提供的套件跟训练时有所区别，"我们跟裁判示意后将其进行打磨，才完成装备"。

唐高远也对记者说，"很多难题需重复试验，如陀螺仪在运动过程中机器人的角度十分难控。"提到默契度，他则说，因他们已一起训练了3年，一个眼神就能了解彼此的想法。同时，在采访过程中，他们还称赞其他国家队的机器人设计："他们的调试风格及功能逻

辑处理都十分巧妙，值得我们学习。"

侯坤鹏和唐高远都来自漯河技师学院，他们对工匠精神有着自己的深刻解读。他们说："我们理解的工匠精神就是专注于做自己的事，每个环节都做到极致，在每个细节中体会做事的乐趣。"

记者：赵乾坤、陈子帅、丁雅栀、马梦阳

新华社（《参考消息》）

在"世界技能奥林匹克"赛场上中国队暂列金牌榜首

2022 年 10 月 20 日

新华社北京 10 月 20 日电 2022 年世界技能大赛特别赛各赛区比赛正在进行。截至目前，中国代表团在已完赛的 17 个项目上获得 10 枚金牌、2 枚银牌、1 枚铜牌和 4 个优胜奖，暂列金牌榜第一。

世界技能大赛被誉为"世界技能奥林匹克"，其竞技水平代表当今职业技能发展的世界先进水平。2022 年世界技能大赛特别赛于 9 月中旬至 11 月下旬在多个国家分散举办，比赛项目共 62 个。

在日本赛区和德国赛区均收获 2 金 1 银

日本赛区的比赛 10 月 19 日在日本京都闭幕，在该赛区的 3 个项目中，重庆电子工程职业学院学生李小松获得光电技术项目金牌，广东省技师学院学生陈智勇获得可再生能源项目金牌，天津市电子信息技师学院教师张洪豪获得信息网络布线项目银牌。

李小松在接受记者采访时说，光电技术项目在现实生活中的应用十分广泛，希望未来有更多的青年投身技能成才、技能报国的道路，让"中国制造"成为世界的骄傲。

日本赛区中国代表团团长、人力资源社会保障部国际交流中心副主任李征宇说，中国技能人才是中国产业工人的优秀代表，背后是"中国制造"实力的支撑。

在德国赛区，中国代表团参加了数控车、数控铣和增材制造项目比赛，共收获2金1银。获奖的3名选手来自广东省机械技师学院。其中，吴鸿宇获得数控车项目金牌，周楚杰获得数控铣项目金牌，林伟桐获得增材制造项目银牌。

10月18日，在日本京都，中国选手李小松（中）参加比赛。来自重庆电子工程职业学院的学生李小松获得光电技术项目金牌（新华社记者 华义 摄）

周楚杰赛后接受记者采访时表示，自己为了此次比赛刻苦训练，精益求精，非常感谢技能学习过程中良师益友给予的鼓励和支持。能够夺冠为国争光，内心充满自豪。

数控车项目指导专家宋放之说，今年比赛竞争激烈，此次参赛既展示了中方选手技能水平和训练体系优势，也促进了与其他参赛队伍的相互学习借鉴。

在韩国赛区实现多个项目上金牌和奖牌零突破

韩国赛区的比赛17日在韩国京畿道高阳市落下帷幕，中国6名选手获得3枚金牌、1枚铜牌和2个优胜奖，实现多个项目上金牌和奖牌零的突破。

其中，来自广州市工贸技师学院的选手杨书明获得移动应用开发项目金牌，成

媒体眼中的
2022 年世界技能大赛
特别赛

10 月 17 日，在韩国高阳市，参加 2022 年世界技能大赛特别赛韩国赛区比赛的中国代表团在闭幕式结束后合影留念（新华社记者王益亮 摄）

为本次大赛该新增项目首个金牌获得者；来自深圳技师学院的选手罗凯、陈新源分别获得 3D 数字游戏艺术项目、云计算项目金牌，实现我国在这两个项目上金牌零的突破；来自上海第二工业大学的选手梁俊获得网站设计与开发项目铜牌，实现我国在该项目上奖牌零的突破。

杨书明赛后接受记者采访时说，拿到金牌非常开心和激动，自己的付出和努力得到了回报，希望未来能激励更多青年学生像自己一样学习技能、报效祖国。

此外，来自邢台技师学院的选手王旭政和广州市工贸技师学院的选手黄金强分别获得商务软件解决方案项目和网络系统管理项目优胜奖。

中国选手继续冲金

法国赛区和芬兰赛区的比赛正在举行。法国赛区设有移动机器人（双人）、CAD 机械设计、数字建造、健康和社会照护、抹灰与隔墙系统 5 个项目，均具有一定的观赏性和较高的技术含量，6 名中国选手参加全部 5 个项目的比拼。

芬兰赛区设有花艺、美发、美容和时装技术4个项目，4名中国技能健儿将与来自世界各地的技能精英同台竞技。

芬兰赛区中国代表团团长、人力资源社会保障部职业能力建设司副司长刘新昌告诉记者，芬兰赛区4个项目均属于社会关注度高、观赏性强的项目，也是中国往届比赛成绩较好的项目，此次代表中国参赛的选手们拥有丰富经验和实力，具有"冲金"机会；不过成绩是一方面，更重要的是希望他们通过比赛展示中国技能人才队伍建设成果和中国技能健儿的精神风貌，在这一国际舞台上与其他国家和地区的技能人才互相切磋技艺、提高技能。

2022年世界技能大赛特别赛为世界技能大赛正式比赛，为做好参赛工作，人力资源社会保障部成立了2022年世界技能大赛特别赛中国代表团，由我国第46届世界技能大赛备赛选手、中国技术指导专家组组长等146人组成。

10月19日，中国选手在法国波尔多参加世界技能大赛特别赛移动机器人（双人）项目比赛（新华社记者　徐永春　摄）

其中，参赛选手共36名，将参加34个项目比赛。据记者了解，这些参赛选手全部来自我国职业院校，平均年龄22岁，最大的24岁，最小的20岁。

记者：华义、李光正、陆睿、陈静、张毅荣、徐永春、姜琳、周思雨、金皓旼

媒体眼中的
2022年世界技能大赛
特别赛

"青年鲁班"向世界展示中国的工匠精神

2022年10月22日

在日前举行的2022年世界技能大赛特别赛瑞士赛区比赛中，中国22岁小伙李德鑫参加家具制作项目角逐并勇夺金牌，这位"青年鲁班"向世界展示了中国的工匠精神。

据介绍，这是中国代表团在本届世界技能大赛特别赛上取得的首枚金牌，也是中国自参加世界技能大赛以来在家具制作项目上夺得的首枚金牌。李德鑫赛后在接受新华社记者专访时表示，好的比赛成绩是经过长时间科学、系统训练之后取得的。

他的指导专家刘晓红则表示："科学的训练方法成就了李德鑫的金牌。他的作品之所以好，关键在多项技能方面技艺高超，在严苛的比赛评选中脱颖而出。"

此次家具制作比赛要求所有18名选手各自制作一张同一样式的立式柜，主要模块包括柜体、腿架、门板、抽屉、贴皮等，选手们还需要对作品进行打磨修整、五金安装等操作。在比赛项目约140个评分点的综合评选中，李德鑫的作品以其超高的精准度而体现出来的精美最终获得冠军。

回顾比赛过程，刘晓红用"绝非易事"四字来形容。她说："这次特别赛的尺

寸公差要在正负 0.5 毫米之内，这意味着柜子的多个零部件之间组装后的累积公差都不能超过正负 0.5 毫米。比如四条腿，其中一条腿的尺寸公差超过 0.5 毫米裁判就给零分。"

世界技能大赛被誉为"世界技能奥林匹克"，其竞技水平代表了当今职业技能发展的世界先进水平。2022 年世界技能大赛特别赛 9 月中旬至 11 月下旬在 15 个国家分散举办，比赛项目共 62 个。中国代表团 10 月上旬至 11 月下旬分赴德国、瑞士、法国、芬兰、奥地利、韩国、日本 7 个国家参加 34 个项目的比赛。

李德鑫表示，自己参加世界技能大赛可以向各国优秀选手学习，同时也通过自己的技艺向世界展示中国的"工匠精神"，展示中国家具制作的高超水平。

他说："中国独特的木工文化在灿若星河的世界文化里显得特别耀眼，是一颗光芒万丈的明星。我们以比赛为契机，不仅要向世人展示中国技能，更要向世人宣传中国传统木作文化的精神，这是一种工匠精神、鲁班精神。"

他表示，中国选手在比赛时也经常融入中国的传统榫卯结构和家具样式，这宣传了中国文化，让更多的传统木作技艺更好地展示给世界。"我们要让世界人民对我们的鲁班精神和木作文化更加了解。"

李德鑫 2021 年毕业于江西环境工程职业学院家具艺术设计专业，目前是该校教师，曾获得全国技术能手、全国青年岗位能手称号。他说，传统木工是中国文化的重要组成部分，木作文化从古至今贯穿着中华民族的历史。自己的理想就是要把传统的木作文化融入生活，让青年人对中国独特的木作文化产生强烈的自豪感、自信心。

在李德鑫看来，他是幸运的，因为赶上了国家高度重视技能人才队伍建设、大力发展职业教育和技工教育的黄金时代。国家一系列政策红利的释放，让有志于职业技术的人才有了更多用武之地，工匠精神也得以薪火相传。他说："我认为，在这个黄金时代，未来一定有更多的大国工匠涌现。"

刘晓红表示，中国已经是世界第一家具制造大国，也是第一家具出口大国，在全世界人民的家具消费中发挥着举足轻重的作用。"中国家具行业因实行标准化、工业工程化，依靠精益生产和精湛管理，其制造技艺已经处于世界领先水平。"

记者：陈俊侠

摘金夺银！这些中国姑娘太棒了

2022 年 10 月 28 日

"坚持自己正在做的事情，做到极致，做到顶尖，你照样可以发光发亮，甚至为国争光。"谈及中国选手在 2022 年世界技能大赛特别赛芬兰赛区取得的优异成绩，摘得美容项目金牌的中国姑娘王珮眼中有自信的光芒。

芬兰赛区比赛 10 月 24 日在赫尔辛基闭幕并举行颁奖仪式，中国代表团参加了该赛区全部 4 个项目的比赛，包括美容、美发、花艺和时装技术，取得两金一银以及一优胜奖的成绩。这些爱美、爱拼的中国姑娘们凭借实力，在国际舞台上释放技能之美，也展现中国年轻一代务实肯干、精雕细琢的工匠精神。

王珮来自重庆城市管理职业学院。她此次获得的金牌是中国队首次在美容项目上摘金。王珮获奖后接受记者采访时说，从几年前看见师姐在世界技能大赛上获奖开始，她心中就种下了要身披国旗、站在世界舞台上为国争光的梦想。

备赛期间，她走到哪里都背着美容工具箱，没有模特就抓教练、老师甚至翻译当模特，随时随地练习。比赛结果公布那一刻，她感觉所有艰辛和付出都是值得的。

媒体眼中的
2022 年世界技能大赛
特别赛

10月20日,重庆城市管理职业学院王姵在芬兰首都赫尔辛基参加2022年世界技能大赛特别赛芬兰赛区比赛美容项目（新华社发　卡勒·帕尔基宁　摄）

湖南工艺美术职业学院的董青获得时装技术项目金牌,实现了中国队该项目的三连冠。她说,自己的专业技能也在比赛中进一步磨炼和完善。即将走上教师岗位的她表示,希望将自身经验传授给学生,未来培养出许多优秀的学生。

10月20日,湖南工艺美术职业学院董青在芬兰首都赫尔辛基参加2022年世界技能大赛特别赛芬兰赛区比赛时装技术项目（新华社发　卡勒·帕尔基宁　摄）

杭州轻工技师学院的沈文青获得美发项目银牌。曾是留守儿童的她中考后到杭州和父母团聚,进入当地一所职业高中学习美容美发,如今已成长为这一专业的教师。她说:"一技之长能动天下。我们要干一行爱一行,传承工匠精神。"

上海农林职业技术学院的杨灵芝获花艺项目优胜奖。她表示,在自己热爱的花艺事业道路上一路走来,深感幸运,未来将保持本心,继续勇往直前。

10月23日,获得美发项目银牌的杭州轻工技师学院沈文青在芬兰首都赫尔辛基参加2022年世界技能大赛特别赛芬兰赛区比赛(新华社发 卡勒·帕尔基宁 摄)

10月23日,获花艺项目优胜奖的上海农林职业技术学院杨灵芝在芬兰首都赫尔辛基参加2022年世界技能大赛特别赛芬兰赛区比赛(新华社发 卡勒·帕尔基宁 摄)

媒体眼中的2022年世界技能大赛
特别赛

中国代表团的指导老师们不约而同提到，一枚枚奖牌背后，是国家对技能人才的培养和重视。来自董青团队的时装技术指导专家、中央美术学院副教授李宁说，摘金夺银是中国选手实力的体现，也是对中国技能人才选拔培训、教育教学工作的充分肯定。

10月24日，在芬兰首都赫尔辛基，中国选手获奖后合影（新华社发　卡勒·帕尔基宁　摄）

世界技能大赛被誉为"世界技能奥林匹克"，其竞技水平代表了当今职业技能发展的世界先进水平。2022年世界技能大赛特别赛9月至11月在15个国家分散举办，比赛项目共62个，中国代表团参加其中34个项目的比赛。

记者：陈静

展示中国青年工匠技艺的世界舞台
——2022年世界技能大赛特别赛法国赛区侧记

2022 年 10 月 24 日

金秋十月，法国波尔多北郊的展览园区内，2022 年世界技能大赛特别赛法国赛区赛事 19 日至 22 日在此举办。该赛区共设移动机器人（双人）、CAD 机械设计、数字建造、健康和社会照护、抹灰与隔墙系统 5 个比赛项目。中国代表团 6 名青年选手参赛，最终斩获两金两铜。

19 日上午，在宽敞明亮的比赛大厅内，5 个项目同时开赛。既不同于正襟危坐的学科竞赛，也不同于激情迸发的体育赛事，技能大赛的每个项目都与日常生活息息相关，部分项目的赛区让观众仿佛置身于熟悉的生活场景。

健康和社会照护比赛现场布置成模拟医院病房的小隔间，里面不仅有病床、桌椅、健康监测仪等，还有扮演"病人"的工作人员，连墙上挂饰、绿植摆件等细节都非常逼真。这个项目比赛为期 4 天，选手需完成医院、日间照护中心、长期照护中心、家庭 4 个模块 10 个案例"病人"的实践照护任务，以及书写照护计划、绘

媒体眼中的
2022 年世界技能大赛
特别赛

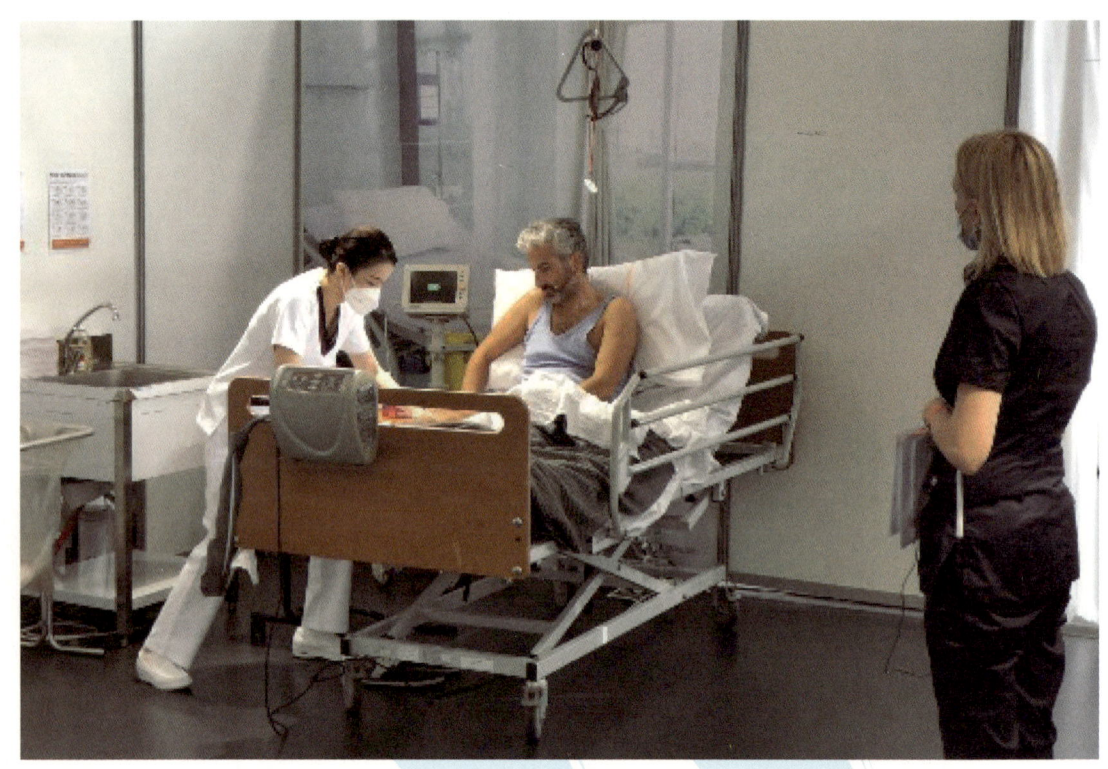

10月19日，中国选手在法国波尔多参加世界技能大赛特别赛健康和社会照护项目比赛（新华社记者　徐永春　摄）

制健康海报等。

　　来自上海健康医学院护理与健康管理学院的教师吴怡欣参加该项比赛。她说，中国选手具有钻研细节、刻苦精神、精益求精的优势，但也面临语言交流和照护文化差异等挑战。为此，她在比赛中积极倾听和交流，增强临场应变能力。

　　与此同时，在大厅另一侧，来自浙江建设技师学院的学生马宏达正忙碌地进行抹灰与隔墙系统项目比赛。他时而翻阅图纸，时而切割石膏板，然后又迅速起身固定轻钢龙骨，动作娴熟利落。

　　据了解，抹灰与隔墙系统项目内容为运用轻钢龙骨和不同功能的石膏板搭建轻质隔墙系统，在墙体内部加入隔音棉等材料增加墙体功能，并装饰墙面。最精彩的是最后一个比赛模块，选手运用石膏技术在一面空白墙面上自由创作，展示技艺的同时也把独特的美学展现给观众。

马宏达说，比赛难点在于选手必须在3小时内完成读图、分析试题、设计方案和编写工序。"整个比赛工艺复杂、工序烦琐。一名优秀选手需要掌握所有的工艺工法，并且在每一个环节都稳定发挥、做到极致才有望获得金牌。"

移动机器人项目同样与日常生活密切相关。选手需根据主办方提供的官方套件，现场组装、调试、编程，然后模拟医院场景，使机器人独立完成"药物""轮床"的运送和回收工作。模拟医院场景是按比例缩小的"隔间"和"通道"，"药物"和"轮床"分别为正方块和车模型。由于场地空间和物品尺寸都非常"迷你"，这对机器人移动和机器臂抓取的精度提出了极高要求。

经过4天激烈比拼，毕业于漯河技师学院电气工程系的侯坤鹏和唐高远在移动机器人项目比赛中获得金牌。马宏达在抹灰与隔墙系统项目中夺冠，为中国队在该项目实现金牌"零的突破"。参加健康和社会照护、CAD机械设计项目的中国选手吴怡欣和郑旭升摘得2枚铜牌。

马宏达在夺冠后接受记者采访时表示，说起抹灰与隔墙，一些人会觉得这个"土"，难登大雅之堂。但是自身经历证明："三百六十行，行行出状元。""我国是科技强国，也是制造业大国。国家发展既需要顶尖科技人才，也离不开一代代工匠的辛勤付出。作为青年工匠，我要传承'老手艺人'的衣钵，把技能学精学透，用所学所能助力国家发展。"

选手唐高远的"逆袭"经历引人关注。入读河南漯河技师学院前，他曾在高中二年级时辍学打工。后来在校就读期间，唐高远展现了在移动机器人项目上的

10月19日，中国选手在法国波尔多参加世界技能大赛特别赛移动机器人（双人）项目比赛（新华社记者 徐永春 摄）

才能，先后在该项目省级、国家级比赛中获奖，直至与搭档侯坤鹏代表中国参加本次比赛并斩获金牌，在世界级舞台实现人生梦想。

侯坤鹏和唐高远接受采访时表示，世界技能大赛凸显了务实肯干、坚持不懈、精雕细琢的工匠精神。回国后，他们将脚踏实地，技能报国，通过努力奋斗构筑美好未来。

记者：徐永春

在世界舞台展现中国工匠卓越技艺
——2022年世界技能大赛特别赛侧记

2022年10月27日

2022年世界技能大赛特别赛各赛区比赛正在进行。截至北京时间10月26日,中国代表团在已完赛的27个项目上共获得15枚金牌、3枚银牌、3枚铜牌和5个优胜奖。

世界技能大赛是当今世界地位最高、规模最大、影响力最大的职业技能赛事,被誉为"世界技能奥林匹克"。2022年世界技能大赛特别赛于9月中旬至11月下旬在德国、韩国、日本、瑞士、芬兰等15个国家分散举办,比赛项目共62个。

中国代表团参赛选手共36名,参加其中34个项目的比赛。据记者了解,这些参

媒体眼中的
2022年世界技能大赛
特别赛

赛选手全部来自我国职业院校，平均年龄22岁，最大的24岁，最小的20岁。他们在各个赛区尽显才华，取得了一项又一项佳绩。

法国赛区

法国赛区赛事10月19日至22日在波尔多北郊的展览园区内举办。该赛区共设5个比赛项目。中国代表团6名青年选手参赛，最终斩获2枚金牌、2枚铜牌。

经过4天激烈比拼，毕业于漯河技师学院电气工程系的侯坤鹏和唐高远在移动机器人项目比赛中获得金牌。马宏达在抹灰与隔墙系统项目中夺冠，为中国队在该项目实现金牌"零的突破"。参加健康和社会照护、CAD机械设计项目的中国选手吴怡欣和郑旭升摘得2枚铜牌。

马宏达在夺冠后接受本报记者采访时表示，说起抹灰与隔墙，一些人会觉得这个"土"，难登大雅之堂。但是自身经历证明："三百六十行，行行出状元。""我国是科技强国，也是制造业大国。国家发展既需要顶尖科技人才，也离不开一代代工匠的辛勤付出。作为青年工匠，我要传承'老手艺人'的衣钵，把技能学精学透，

10月19日，中国选手在法国波尔多参加世界技能大赛特别赛移动机器人（双人）项目比赛（徐永春 摄）

用所学所能助力国家发展。"

选手唐高远的"逆袭"经历引人关注。入读漯河技师学院前，他曾在高中二年级时辍学打工。后来在校就读期间，唐高远展现了在移动机器人项目上的才能，先后在该项目省级、国家级比赛中获奖，直至与搭档侯坤鹏代表中国参加本次比赛并斩获金牌，在世界级舞台实现人生梦想。

德国赛区

中国代表团近日在德国赛区参加数控车、数控铣和增材制造项目比赛，共收获2金1银。

获奖的3名选手来自广东省机械技师学院。其中，吴鸿宇获得数控车项目金牌，周楚杰获得数控铣项目金牌，林伟桐获得增材制造项目银牌。

数控车、数控铣项目10日至15日在巴符州莱昂贝格举行，增材制造项目13日至16日在北威州索斯特举行。

周楚杰赛后接受本报记者采访时表示，自己为了此次比赛刻苦训练，精益求精，非常感谢技能学习过程中良师益友给予的鼓励和支持。"能够夺冠为国争光，我的内心充满自豪。"

数控车项目指导专家宋放之说，今年比赛竞争激烈，此次参赛既展示了中方选手技能水平和训练体系优势，也促进了与其他参赛队伍的相互学习借鉴。

瑞士赛区

瑞士赛区电子技术项目比赛10月23日在瑞士伯尔尼闭幕，经过多日激烈竞技，来自广东省技师学院的青年教师刘泽龙摘得该项目金牌，实现了中国选手在该项目上的两连冠。至此，中国代表团在瑞士赛区斩获4枚金牌和2个优胜奖。

此次瑞士赛区共承办14个比赛项目，中国代表团参加了家具制作、精细木工、

媒体眼中的
2022年世界技能大赛
特别赛

木工、印刷媒体技术、平面设计技术、电子技术等6个项目。在10月15日于瑞士巴塞尔举行的家具制作、精细木工、木工3个项目中，中国选手李德鑫获得家具制作项目金牌，邵茹鹏获得精细木工项目金牌，王纵横获得木工项

10月13日，在瑞士巴塞尔，中国选手李德鑫在2022年世界技能大赛特别赛家具制作项目中比赛（新华社发）

目优胜奖。其中，李德鑫的金牌是中国代表团在此次世界技能大赛特别赛上获得的首金，也是中国选手自参加世界技能大赛以来在木工类项目上获得的首金。

在10月16日于瑞士阿劳举行的印刷媒体技术、平面设计技术两个项目闭幕式上，中国选手顾俊杰获得印刷媒体技术项目金牌，欧阳婉青获得平面设计技术项目优胜奖。这也是中国选手首次获得印刷媒体技术项目金牌。

芬兰赛区

芬兰赛区比赛于10月19日开幕，24日在芬兰首都赫尔辛基闭幕并举行颁奖仪式。中国代表团取得2枚金牌、1枚银牌以及1个优胜奖的成绩。

中国代表团参加了芬兰赛区全部4个项目的比赛，包括美容、美发、花艺和时装技术。经过几个比赛日的激烈角逐，最终重庆城市管理职业学院的王珮获得美容项目金牌，这是中国队首次在该项目上摘金。湖南工艺美术职业学院的董青获得时装技术项目金牌，实现了中国队在该项目上的三连冠。杭州轻工技师学院的沈文青获得美发项目银牌。上海农林职业技术学院的杨灵芝获花艺项目优胜奖。

王珮获奖后接受本报记者采访时说，从上届世界技能大赛的观众到成为这届特

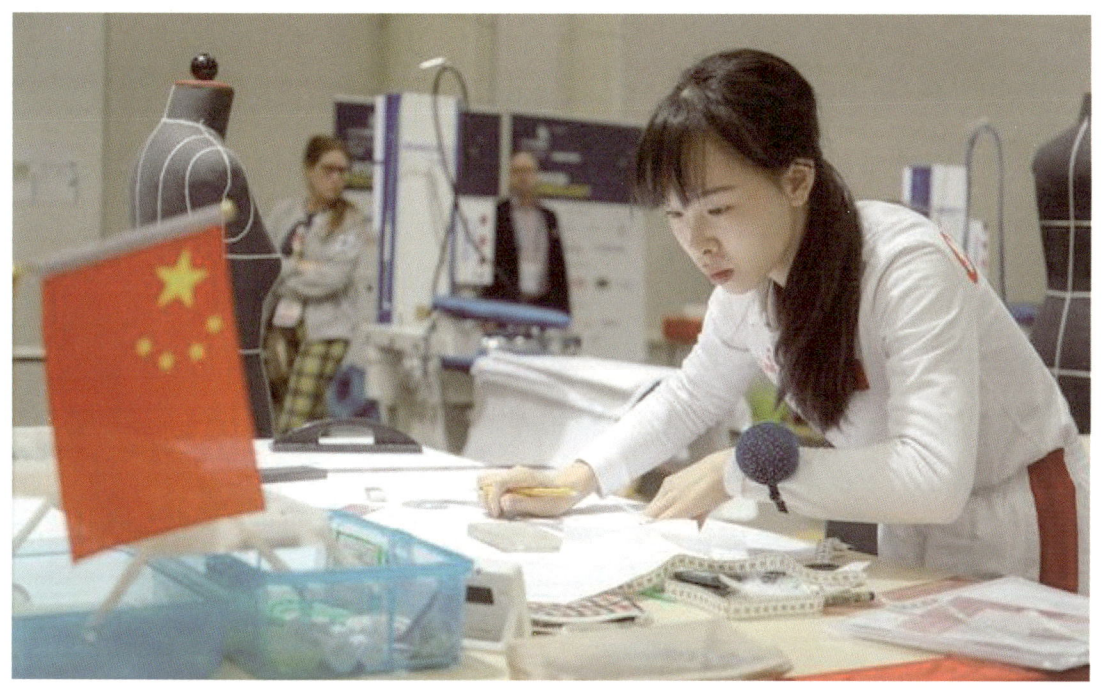

10月20日，湖南工艺美术职业学院董青在芬兰首都赫尔辛基参加2022年世界技能大赛特别赛芬兰赛区比赛时装技术项目（卡勒·帕尔基宁 摄）

别赛的选手，心中那个身披国旗、站在世界舞台上为国争光的梦想已经实现，这一刻感觉所有的艰辛和付出都是值得的，感谢身边所有人的付出让她圆梦，实现中国在该比赛美容项目上金牌"零的突破"。

日本赛区

10月15日至18日，日本赛区比赛在京都举行，共设3个项目，来自15个国家和地区的22名选手参赛。中国代表团3名选手参加了日本赛区所有项目的比拼，经过4天的激烈比拼，最终收获2枚金牌、1枚银牌的优异成绩。

信息网络布线在这三项比赛中赛时最长、参赛选手也最多，该项目的金牌一直被日本队包揽，本届比赛中国队派出的是天津市电子信息技师学院教师张洪豪。他与最终获得金牌的日本选手互有胜负，收获1枚银牌。

光电技术和可再生能源两个项目是本届比赛新增项目，中国队派出的选手分别是重庆电子工程职业学院学生李小松和广东技师学院学生陈智勇。两名年轻的选手不负众望，分获金牌。

"我们最开始在一个小实训室里，后面有了学校的训练基地，再后来有了国家级的训练基地，一步一步发展起来。"陈智勇告诉记者，在国家的推动下，越来越多的学校成立了可再生能源相关专业，为行业发展提供了扎实的人才基础。

李小松在赛后表示，光电技术在现实生活中的应用十分广泛，包括户外LED显示屏的搭建维护、智能家居里的照明系统等光电结合的领域都属于这个范畴，"我希望未来有更多的青年投身技能成才、技能报国的道路，让'中国制造'成为世界的骄傲"。

韩国赛区

韩国赛区的比赛于10月12日在京畿道高阳市开幕，并于17日落下帷幕，中国6名选手获得3枚金牌、1枚铜牌和2个优胜奖，实现多个项目上金牌和奖牌"零的突破"。

其中，来自广州市工贸技师学院的选手杨书明获得移动应用开发项目金牌，成为本次大赛该新增项目首个金牌获得者；来自深圳技师学院的选手罗凯、陈新源分别获得3D数字游戏艺术项目、云计算项目金牌，实现我国在这两个项目上金牌"零的突破"；来自上海第二工业大学的选手梁俊获得网站设计与开发项目铜牌，实现我国在该项目上奖牌"零的突破"。

杨书明赛后接受本报记者采访时说，拿到金牌非常开心和激动，自己的付出和努力得到了回报，希望未来能激励更多青年学生像自己一样学习技能、报效祖国。

文：徐永春、李光正、陈俊侠、陈静、陆睿、张毅荣

【外媒评述】中国培养"大国工匠"须除"职教偏见"

2022 年 10 月 31 日

据新加坡《联合早报》网站 10 月 29 日报道，22 岁的浙江小伙马宏达近日在 2022 年世界技能大赛特别赛"抹灰与隔墙系统项目"中一举夺魁，为中国在该项目实现金牌"零的突破"。马宏达赛后受访时感慨地说，以前没想过"刮腻子"还能走上世界舞台。

报道称，所谓"刮腻子"是将腻子刮在墙上以保证墙面平整，而在这场世界级的比赛中，这项常见于室内装修的手艺有了更严苛的标准：偏差不得超过 1 毫米，同时还要考验运用石膏技术在一面空白墙面上自由创作的技艺与审美。

凭借"刮腻子"一战成名的马宏达成为中国媒体的热捧对象，多家官媒盛赞其手艺精湛，大叹"行行出状元"。

在舆论的一片赞誉声中，一些网民却发出质疑。他们追问这个奖项意义何在，是"告诉更多年轻人以后毕业出来刮腻子？"还有人说，"没用，工地最多也只能给 350 元一天"，暗讽这门手艺到了真实世界中只是个报酬低、没多少人愿意干的脏累活。

媒体眼中的
2022年世界技能大赛
特别赛

光明网对此特意发表文章说，这些话，"有点儿难以入耳，却值得人们反复品咂"。文章坦言，诸多时代的因素促使重视脑力劳动、轻视体力劳动固化于大众的思维框架内。

报道称，中国正经历经济转型、产业结构面临调整，官方近年大力倡导"普职同重"，今年还首次大修《职业教育法》，期望培养一批具有高素质技术性的大国工匠。

然而，受传统观念和社会现实影响，中国民众认为职校"低人一等"的观念仍根深蒂固，"普职同重"遭遇上热下冷。

根据中国教育部今年发布的报告，去年中等职业学校招生在高中阶段教育招生总数中的占比仅为35%，远未达到"五五分"，而社会技术用工缺口仍在逐年增大，制造业年年遭遇"用工荒"。

二十大报告明确提出，加快建设国家战略人才力量，努力培养造就更多大师、战略科学家、一流科技领军人才和创新团队、青年科技人才、卓越工程师、大国工匠、高技能人才。要达到这一目标，首先要破除对"职教"的偏见。

中央广播电视总台
（央视网）

媒体眼中的
2022年世界技能大赛
特别赛

【面对面】玩转"工业母机"！专访世界技能大赛数控车冠军吴鸿宇

2022 年 11 月 14 日

9月中旬至11月下旬，2022年世界技能大赛特别赛在多个国家分散举办，在已经完赛的27个项目中，中国代表团斩获15枚金牌、3枚银牌、3枚铜牌和5个优胜奖。其中，来自广东省机械技师学院的吴鸿宇，获得了数控车项目冠军。

记者： 最后的成绩出来以后，你比第二名多了多少分？

吴鸿宇： 比第二名高了 8 分。

记者： 这个差距是属于大比分领先，还是微弱领先？

吴鸿宇： 这个差距属于大比分领先的，因为往届所有世赛竞赛的项目，可能差的分数只

有零点零几,我的加工思维和加工精度是完全没有问题的。

世界技能大赛被誉为"世界技能奥林匹克",每两年举办一次,其竞技水平代表了当今职业技能发展的世界先进水平。吴鸿宇所参加的数控车项目属于制造与工程大类,考验的是选手利用数控车这种精度高、通用性强的工具制造零部件的能力。数控车被称为"工业母机",是制造机器的机器。高端数控机床的技术水平更是衡量一个国家核心制造能力的标准之一,此次数控车项目有来自20多个国家和地区的选手参赛。

记者: 你得了冠军,其他参赛的小伙伴,比如说来自非常一流的工业化国家的这些小伙伴,他们怎么看你?有点不服?

吴鸿宇: 对,但是我觉得实力就已经证明了,因为确实我交出来的东西就是比他们好,精度比他们高,这一点是毋庸置疑的。

一波三折的比赛

本届世界技能大赛特别赛数控车项目举办地是德国,早在开赛前三个月,吴鸿宇所在的广东省机械技师学院便组建了大赛技术后勤保障团,奔赴德国多个城市陪同包括吴鸿宇在内的三位选手一路征战。

为保障吴鸿宇等三位选手参赛,整个团队携带了上千件、重量超过500千克的各种工具奔赴德国。但到达比赛现场后,却被告知有一部分自带工具不能使用,必须使用大赛组委会提供的工具。

吴鸿宇: 他提供的跟我平时训练的工具不

一样，会影响到我的操作和加工的一些范围。

记者： 他提供的这一套对你来说感到不适应，还是大家都觉得不适应？

吴鸿宇： 应该都觉得不适应，提供了 6 套，是分 6 组选手可以用的，但是每一组也不是统一的，也是随机分配的，我分配的这套相对我觉得比较差。

工具并非唯一的问题，由于竞赛设定了特殊的情景，此次比赛要求每 4 名选手共用一台设备，每项考核结束后选手都需要等待一天半的时间才能进行下一项考核。

此次数控车赛项共有 3 个模块的考核，分别是批量件、组合件、单件的切削加工。每一个模块的考试时间为 4 个小时，完成全部比赛的时间长达 6 天。

比赛前，主办方安排选手进行机床检验，就在吴鸿宇检验完机床参数后不久，意外发生了，一位外国选手不小心碰撞了吴鸿宇刚刚检验完的机床。

吴鸿宇： 当时试完设备我下午就在那里等待，一个外国选手去适应设备，在适应的过程中我突然听到"嘭"一声响，他把机床给撞了，发生了一些小意外，这时我就慌了。我赶快请求我们的专家还有翻译，去向总专家提出申请，我能不能了解它被撞得怎么样，能不能重新去熟悉这台设备。最后专家给出来的提议就是虽然撞了，但是我已经熟悉过了，只能等到晚上有专门的工程师去修理它，只能这样，第二天继续给我使用。

记者： 既然前一天晚上有工程师去修，你还担心什么呢？

吴鸿宇： 因为每一台设备尽管是修了，它也可能有一些不一样。因为我第一天熟悉设备，我的目的就是要了解它的特性还有一些精度，修的话也不可能回

到原来的位置，也总有一些改变。所以第二天我必须再花一点时间去熟悉一下各个参数。

就这样，吴鸿宇在忐忑中度过了一夜。第二天比赛开始。对他来说，三个模块考试中批量件的切削加工挑战难度最大，因为这是第一项考核，需要花更多时间去适应工具和材料。

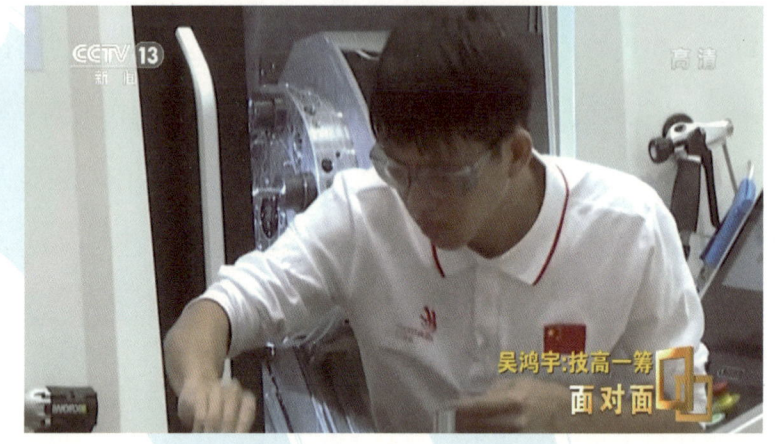

记者： 这个一开始并不顺手的工具，用了多久就用得顺手了？

吴鸿宇： 我刚开始应该要花10分钟左右时间，把速度放慢，放慢的过程我可以再充分去了解一下它，再去适应一下它。因为我也知道如果快了肯定会更乱，所以我的方法就是刚开始求稳，慢慢来。让自己掌握了这个节奏，我就慢慢放快，所以我是从慢到快这样达到一个速度转换，慢慢加工出来。

吴鸿宇： 可能国外人面对加工这个题目，他把这个做出来就可以了，他已经做完了，我可能差一点点没做完。但是我做出来的精度和尺寸都达到了规定要求，我就可以得分。但他们可能是只做完了但是不得分。

最终，三个模块大赛全部结束后，吴鸿宇以8分的巨大优势获得金牌，日本、泰国和越南选手并列获得银牌。

吴鸿宇：这一次也可以证明我们国家制造业水平，虽然我们的设备没有他们好，但是我们的加工工艺还有加工的思维都比他们要强。因为我们的一些操作方法，我们做出来的工件都比他们好，我们加工零件出来的效率和零件的精度都比他们高。

记者：为什么可以做到这一点？

吴鸿宇：我们会用心去琢磨它，我们国家还有教练团专家的重视，因为现在国家也是重点培养专业技能人才，也提供了很多资源，我们也可以有很好的机器去训练。

技能成才路

记者：16岁你初中毕业的时候，为什么没有想去上大学，而是走职业教育这条路？

吴鸿宇：初中之前我在家里比较喜欢拆拆装装一些小玩具，导致我学习成绩不是很理想。那时候上不了比较理想的高中，我也比较迷茫。当时父母也知道我爱拆拆装装这些小东西，就跟亲戚商讨，说我这样的适合上技工院校。

媒体眼中的
2022年世界技能大赛
特别赛

记者： 当时你决定包括你家里的决定，让你走职业教育这条路，而不是走高等教育这条路的时候，有没有觉得这可能是退一步次一步的选择？

吴鸿宇： 没有，我当时比较喜欢机械的东西，也是自己的兴趣爱好，父母也了解我，说我如果上大学肯定坐不住，因为这个就是根据自己能力来判断的，如果成绩不好去上大学，可能也做不到最好。

天赋和兴趣无法替代持续不断的练习，从2015年开始，吴鸿宇大部分时间都在车间度过。不断练习，不断面对考核、选拔和淘汰。2018年他获得第八届全国数控大赛决赛数控车项目学生组全国第一名，并获得2018—2019年度国家奖学金；2020年，他参加中国第一届职业技能大赛数控车项目并获得金牌，同时获得世界职业技能大赛参赛资格。他没有辜负自己和团队的努力和汗水，最终摘得此次世界技能大赛桂冠。

记者： 参加这样的世界比赛，一方面看到自己和别人到底有什么差距，另一方面也是找信心的过程。我能够赢你，说明我还是有比你强的地方，一方面找差距，一方面找信心。

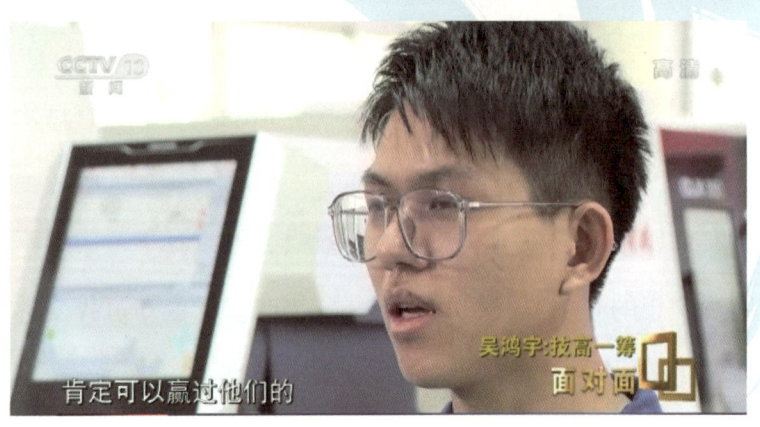

吴鸿宇： 我们要学习对方的好，或者不好我们也可以知道，但是好我们自己要吸收，回来要用他们的方法去试

一下,他这个方法如果用出来的话,我们做出来是怎么样的。

记者: 我们老说现在这个世界上工业最先进的、最精密的国家就是德国、日本、瑞士,以它们为代表。它们的工艺先进,技工也有工匠精神。你在跟他们的比拼中赢了他们,你靠什么赢的,你赢的是什么?

吴鸿宇: 我觉得我们赢的就是努力坚持,虽然之前没有比他们好,但是我相信通过我们的努力,通过技能人才共同的发展,肯定可以赢过他们,我们有很大的决心把这件事情做好。

记者:董倩

媒体眼中的
2022年世界技能大赛
特别赛

【青春匠心】杨书明：闪耀世界的"青春代码"

2022年10月27日

手机移动App，如今已成为人们的生活必需品，移动应用开发也成为当下的热门职业。前不久，在世界技能大赛特别赛上，中国选手杨书明成为这个新增项目的首位金牌获得者。杨书明出生于广东，在这个高手如云的行业，22岁的他，取得世界级的最高荣誉。

杨书明：最终站上

领奖台的那一刻感觉十分激动,感觉7年付出的汗水一下子就释怀了。

移动应用开发项目的比赛,简单来说,就是在规定的时间内制作一个移动App。此次比赛的任务是以世界技能大赛为主题,制作相关的展示性App,引导用户更加深入地了解该赛事。

杨书明: 最大的困难点在于选手比赛时能使用的工具是给定的,比赛工位也完全不能进行互联网连接,而这与行业中的开发工作有较大不同。行业中为了完成一个任务目标,有很多种工具可以使用,并可以借助互联网平台解决大部分问题。

在这样的比赛条件下,赛事着重考验选手们的编程思维和对指定工具的熟练程度,而更加考验的是选手们的开放心态、创新精神和逻辑思维能力。

杨书明: 对自己最后的作品感觉挺满意的。我在完成题目要求之余,还尽量对用户界面进行了美化,提升了用户体验。

在这个高手如云的项目中,同场竞技的都是全世界的顶尖高手,即使是在国内获得参赛资格也相当不易。前后七年,杨书明经历了三次选拔,前两次都以失败告终。

广州市工贸技师学院移动应用开发团队教练 陈立准: 第一次在广东省选拔赛

媒体眼中的
2022 年世界技能大赛
特别赛

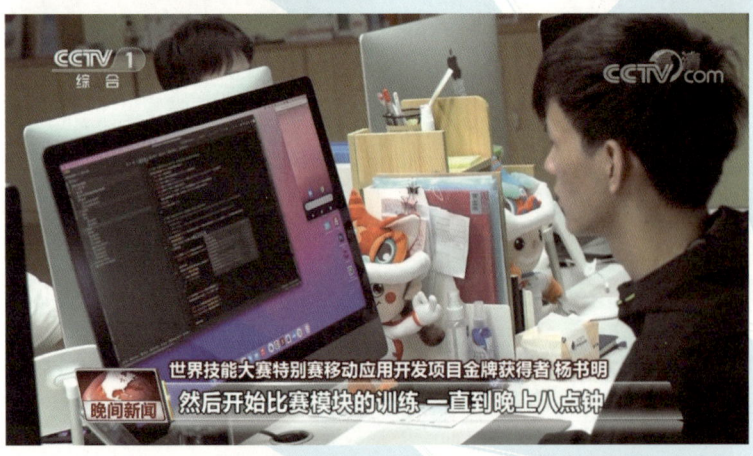

中被淘汰了下来,第二次比较厉害,在第 45 届世界技能大赛全国选拔赛上海赛区拿到了全国第一名,但是在国家集训队一样出不去,只拿到了备选选手的名额。

杨书明: 在距离世赛一步之遥时,出现了一点小失误,以微弱的差距无缘世赛,为此我变得有一点自闭。

在教练和学校的鼓励下,杨书明调整心态,继续冲击参赛资格,一周 6 天训练,每天训练起码 12 个小时。

杨书明: 早上 8 点去到集训基地,先用一个小时进行英语练习,然后开始比赛模块的训练,一直到晚上 8 点钟。训练结束后还会进行当天技术总结,等忙完已经差不多晚上 9 点,有时甚至更晚。

由于年龄限制,这届比赛既是杨书明的荣耀之旅,也将是他的谢幕赛。此后,杨书明选择了留校任教,为国家培养更多的软件技能人才,让更多青年学生走技能成才、技能报国之路。

编后话

杨书明就要做老师了,他要教会学生开发软件,也要帮助学生们掌握从事这个行业的硬件,那就是杨书明自己说的创新精神、开放心态、逻辑思维能力等,这些都是软件开发者必备的素质。软件有代码,而那些从业者的青春也有代码,那就是创新、开放、拼搏。

媒体眼中的
2022年世界技能大赛
特别赛

【青春匠心】马宏达:"00后"敢"亮剑"抹灰勇夺冠

2022 年 10 月 27 日

三天前在世界技能大赛特别赛法国赛区的比赛中,来自中国浙江建设技师学院的 22 岁学生马宏达,在"抹灰与隔墙系统"项目中夺冠,为中国队在该项目实现了金牌"零的突破"。有网友说,这是刮腻子"刮"出的建筑行业世界冠军。

抹灰与隔墙系统项目是指用涂料、装饰材料等对房屋建筑进行修建、改善和整修,考验选手的金属框架建造和石膏板安装技术,以及隔音、隔热、防火、抹

灰、装饰线条制作与安装和艺术创意等技术的运用。整个项目主要分为5个模块,要在4天内完赛。选手不仅需要读懂英文图纸,还要在短时间内完成施工。

马宏达：这4天内没有一天是可以稍微放松一下的,我们这个赛题是提前一天公布,你没有很多时间去考虑,你要全力往前冲。

时间紧张并不是比赛的唯一难点。国际比赛中,来自新材料的考验是马宏达要闯的第一关。

马宏达：出现了6毫米的石膏板,这个6毫米的石膏板在我们国内是从来没有过的。（比赛）准备期间我看到了这张石膏板,当天下午回去,我就和我的专家

团队们商量该如何去制作这种6毫米的石膏板。在经过一个晚上的讨论,等到第二天比赛开始时,就很好地把这6毫米的板运用到模块一中。

最精彩的是最后一个比赛模块,选手运用石膏技术在一面空白墙面上自由创作,展示技艺的同时也把独特的美学展现给观众。和其他选手相比,马宏达的作品需要

媒体眼中的
2022年世界技能大赛
特别赛

的技艺更多也更复杂。整幅作品由红、蓝、白三色构成，这样一幅3D作品，细微的地方需要靠镊子抠出细节，不能有半点马虎。但在比赛的最后关头，这幅精美的作品险些功亏一篑。

马宏达：因为波尔多的气候比较潮湿，我在抹的墙体底层干不了，当我要去粘贴我的浮雕小鸟时，不小心掉落在地上摔成了4瓣，但是我没有慌乱，用502（胶水）去把这个小鸟粘起来，最后压哨完成。

面对意外状况时的冷静来自于平时大量的训练。马宏达出生于2000年，2016年进入浙江建设技师学院就读，2017年加入抹灰与隔墙系统项目实训队训练，一练就是5年。

在世界竞赛领域，操作误差往往不能超过1毫米。为了备战

比赛，每天早上 8 点，马宏达的身影总是会准时出现在实训室内，一天的训练量不低于 7 小时，他说要让每一个动作刻进肌肉记忆里。时间从不辜负努力，夜以继日的付出让马宏达如愿收获了金牌。

马宏达赛后表示，作为青年工匠，他要传承"老手艺人"的衣钵，把技能学精学透，用所学所能助力国家发展。

马宏达：我想我后面会去我的学校里面去培养我的学弟学妹们，培养他们成为新一代的新技能人才，让他们走向世界的舞台，展现出中国人的风采。

媒体眼中的
2022年世界技能大赛
特别赛

【青春匠心】侯坤鹏　唐高远：为机器人"注魂"

2022年10月29日

随着人工智能、大数据等技术的进步,机器人的应用范围越来越广泛,快递分拣、货场搬运,甚至可以在医院整理医疗垃圾和运送药品。在前不久落幕的世界技能大赛特别赛移动机器人项目中,中国选手侯坤鹏、唐高远就从来自16个国家的选手

中脱颖而出,夺得冠军。

本次比赛中,选手需根据主办方提供的官方套件,现场组装、调试、编程,然后模拟医院场景,使机器人独立完成"药物""轮床"的运

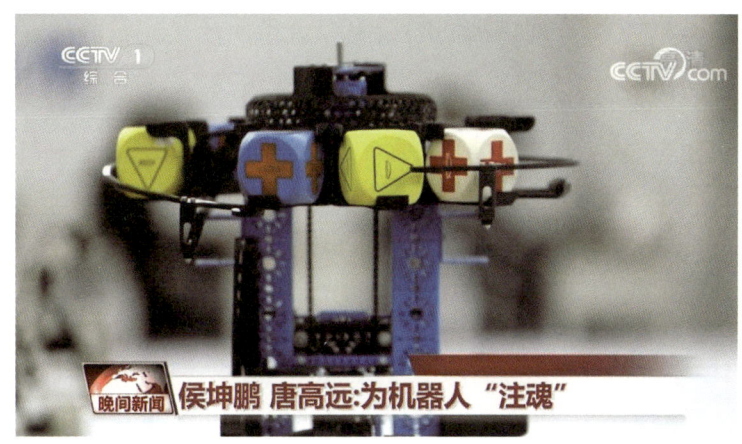

送和回收工作。模拟医院场景是按比例缩小的"隔间"和"通道","药物"和"轮床"分别为正方块和车模型。由于场地空间和物品尺寸都非常"迷你",这对机器人移动和机器臂抓取的精度提出了极高要求。

中国选手侯坤鹏和唐高远通过电脑编程,实现移动机器人抓取和运送"药品"到指定位置给"病人"使用,并在模拟医院连续运行的环境中接受更多挑战。

侯坤鹏:我们第一天的任务是进行机器人的装配,赛务组会为我们提供一些最基础的铝材和零件,需要我们在3小时10分钟内,将整个机器人搭建好,并且要求在模拟医院的场景中,能够实现路径规划、识别订单、药品配送、病床搬运、检测病房这5个功能模块,工作量很大,时间还是非常紧张的。

侯坤鹏介绍,在第一天的比赛中,他们就遇到了难题。装配过程中,发现有一块铝材厚度比标准多了0.5毫米,它会导致升降机构转动时摩擦力增大,影响机器人性能。时间非常紧,侯坤鹏和唐高远沉着冷静,到加工间重新打磨制作,在最后的30秒内完成了所有任务。

侯坤鹏:第三天早上,在这个药品货架上,上下层加入了门,机器人需要把门打开,才能取出里面的药品,还要能够把门关上,才能给对应的分数,这个是我们从来没有做过的。我们改动了硬件与软件,通过相互配合,就很好地解决了这个问题。

河南漯河技师学院电气工程系主任 程友杰:选手赛前谁都没有做过这个(任

务），这比较难。咱们的选手综合素质还是比较高的，临场应变能力，再一个心理素质也比较好。心理素质好在于我们平常严格、高强度的训练。白天训练，晚上就住在我们的实训基地，很少12点以前睡觉。

经过4天的激烈比拼，侯坤鹏和唐高远获得了冠军。

他们俩都是河南漯河技师学院电气工程系预备技师班的学生，此前曾多次在全省、全国性职业技能大赛上取得优异成绩。

河南漯河技师学院院长　马占欣：学院非常注重学生综合职业能力培养，注重

学生动手能力培养，从学生入学的第一年级开始，我们就进行选拔和考核，然后逐渐进行筛选，到了高级工状态，到达预备技师状态才能有这种参赛的水平。

据介绍，在现实生活中，能够使用移动机器人的场景将越来越多，不仅可以实现快递分拣、工厂货物搬运的自动化，还可以应用在医院整理医疗垃圾和运送药品中，甚至以后在养老照护方面也可以用到机器人。

媒体眼中的
2022 年世界技能大赛
特别赛

【青春匠心】沈文青：美丽从"头"开始

2022 年 11 月 09 日

在前几天结束的 2022 年世界技能大赛特别赛美发项目中，来自浙江的"95 后"姑娘沈文青一路突围，从世界各地的美发高手中脱颖而出，最终凭借精湛的技法，摘得了这个项目的银牌。

今年的世界技能大赛特别赛美发项目共有来自世界 20 个国家和地区的选手参加，选手必须在规定时间内，根据给定的赛题图片和现场提供的美发工具及产品进行精确修剪、染色、烫发、接发、胡须造型等创作，并最终达到与图片接近的造型效果。不仅考验技术，更加考验耐力。1999 年出生的沈文青有着 8 年的美发专业学习经历，回顾这次大赛历程，她表示极为不易。

沈文青： 每个模块公布赛题的时候只有 15 分钟独立思考和准备的时间，我需要在最短的时间对赛题进行分析，这十分考验我的基本功、应变能力和临场发挥。

紧张的时间设置并不是大赛的唯一挑战，让沈文青没想到的是，这次比赛现场提供的染发产品自己在国内从未接触过，而染发产品对于发色最终呈现的效果至关重要。

沈文青： 赛题给定的（造型）图片，底色是深棕红色调，表面叠加浅橘色调，因为现场提供的染发产品之前在国内没接触过，我反复用色卡比对调整了多次发色，最终作品完成的较为满意。

最终，沈文青凭借着精湛的技法摘得了这个项目的银牌。而这样的成绩，离不开平时大量的训练。在备赛期间,她辗转杭州、成都、北京等多个训练基地。为了一直保持良好的赛时状态,每天的培训项目,除了近9个小时的模块技能训练外,还包含体能训练、英语以及心理减压辅导。

沈文青:因为国家重视技能人才的培养才让我有机会参加比赛,也是有好的机遇让我遇到了好的老师,才会有今天好的成绩。

在紧张的训练之余,沈文青还会经常跟随教练参加"爱心义剪"活动,为社区的老年人、环卫工人等人群提供免费的发型修剪,用一技之长回馈社会。

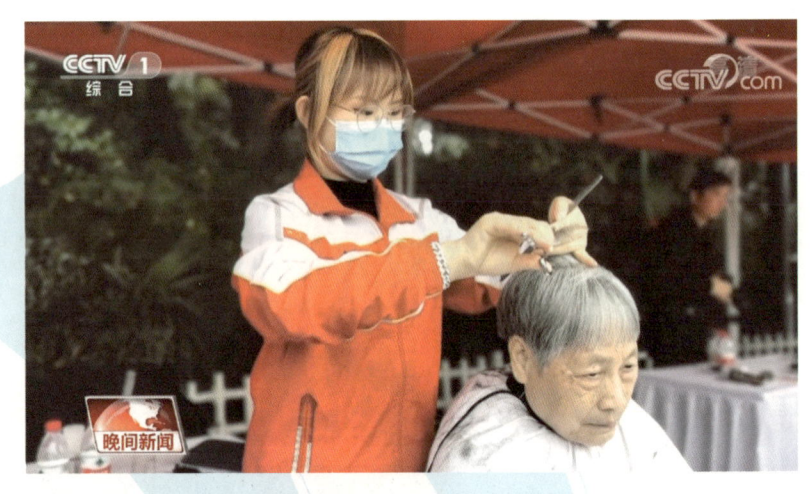

沈文青:教练说过,做我们这一行要先做人后精艺,技能上不仅要过硬,更重要的是做一个对社会有价值的人。当我在义剪活动中给一些老人剪完头发后,他们都特别满意,我很有成就感。

有梦想就有动力。沈文青觉得,参加国际比赛是一个新的起点,自己能在一个创造美和欣赏美的行业里,拥有一技之长很幸福。

沈文青:我会将我学习到的技能和知识传授给我的学生,并告诉他们"一技之长能动天下",无论做什么事情都要持之以恒,朝着目标努力前进。三百六十行,行行出状元。我们要干一行爱一行。加油!

【青春匠心】王珮：爱"美"才会赢

2022 年 11 月 06 日

前不久，23岁的重庆姑娘王珮，夺得2022年世界技能大赛特别赛美容项目金牌，也实现了我国在该项目上"零的突破"。一起来看看她追求美，圆梦世界之巅的故事。

王珮：当时听到念出我的名字之后，还是感觉有一点懵，还有点不太敢相信，能够站在世界的舞台上为国争光，所以那一刻还是觉得一切的辛苦付出都是值得的。

世界技能大赛美容比赛项目分为化妆、身体护理、彩绘指甲艺术等8个板块，比赛中会将这些项目进行随机组合，考官会在赛前公布项目具体内容。

王珮：第三天有一个比赛的项目叫作运动按摩，我们的总教练他就找来了一个中医药大学的教授，教了我们一些基本的基础手法和一些基本原理，在赛前自己编排了一套手法出来，当时我在做的时候，所有的裁判都过来围观我，都过来看我，都是拿着手机在拍摄，然后那一刻的感觉特别开心，特别值得。

借力中医元素　摘得"美美的"金牌

最终，王珮夺得金牌，这也是中国选手在前两届世界技能大赛上连续获得亚军

媒体眼中的
2022 年世界技能大赛
特别赛

之后的首个冠军。

王珮：中医推拿的按摩手法，可以说是在关键时刻为我夺冠加持。我真的是体会到了，越是民族的越是世界的。觉得接下来的学习应该更深入地了解中华的传统文化，让我们老祖宗留下来的宝贝为我们今后备赛、训练，能够提供更多的思路和方法。

从迈入校园学习人物形象设计，到如今在世界赛场上成功摘金，王珮用了 5 年的时间。在任何一个行业登上顶峰，都意味着必须在"台下"付出常人难以想象的汗水和艰辛。

重庆城市管理职业学院老师　刘嘉嘉：过年的时候大家都在一起聚在一起玩，她就是为了完成自己的作业，为了达到练习的目的，就一直待在自己的房间里面，没有出去过，一直在练习训练，所以我觉得她确实很刻苦，很坚韧。

王珮：我们老师说技能提升就是一个量的积累，当你积累到一定量的时候，你就会有一个质的飞跃。

曾遭父亲反对　坚守初心终圆梦

如今王珮靠着努力与拼搏圆梦世界之巅,但梦开始的时候,最初却没有得到家人的支持。

王珮: 我说我要选择化妆,一开始我的父亲他其实是不太支持的。但是我就比较坚持,我说我就是喜欢,而且我从小就喜欢化妆,喜欢给妹妹们打扮。

王珮最终说服了自己的父母,成为了重庆城市管理职业学院人物形象设计专业2017级的学生。

王珮: 他(父亲)现在就说行行能出状元,他很认同这一点,而且他还说还好当初没有很强硬地阻碍我,不然就抹杀掉了一个世界冠军,他还这样子调侃。

编后话

从世界技能大赛的赛场回来后,王珮将成为一名老师,把自己对美的领悟和坚持,传授给像她一样热爱这项技能的年轻人,去用美丽装饰更多人的生活,也编织自己的最美青春。

媒体眼中的
2022 年世界技能大赛
特别赛

【青春匠心】杨灵芝：做一名花艺师是很幸福的事

2022 年 11 月 09 日

在本届世界技能大赛特别赛花艺项目中，来自中国的 95 后选手杨灵芝获得了该项目的优胜奖，在自己的花样年华收获了花样的成绩。

一连 4 天的比赛，上百种花材，8 个作品，从切花装饰到植物设计，再到大型

落地作品，马拉松一般的赛程，不仅考验选手花艺制作的熟练度，更考察他们的创新和应变能力。比赛第一天，考验就来了，在切花装饰项目中，选手们需要利用现场花材及容器，完成指定主题的作品。杨灵芝意外地拿到了一个跟平时备赛时完全不同的插花容器。

杨灵芝：他当时给的主题是田野，并且他给的容器是比较欧式的一个果盘，跟我平常训练时候所用的容器就有区别了，这个盘子很扁，也不好固定，所以在固定方面也出现了一定的问题。

杨灵芝：其实我心里还是挺慌的，因为方案变了嘛，变为我几乎没有怎么去尝试过的一个上花方式和风格。

突如其来的挑战，让大家有些措手不及，这意味着之前所有的训练方案都被推翻。陪同的专家组教师们，也开始迅速寻找解决方案。当天晚上，大家就到商场里买了个类似的盘子反复练习。由于盘子的面积较大，花材没有支撑点，稳定性

较差，团队又讨论了很多种支撑的方法，反复实践，解决了这个难题，并最终拿到了这个项目的优胜奖。

上海市城市建设工程学校校长　林明晖： 取得奖牌已经是非常不容易了，关键是这样的一种历练、这样的一个过程，对选手来讲，都是他们值得去拼搏、去奋斗的经历。

杨灵芝说，她希望通过自己的双手，把植物最有灵性的一面展示出来，并将花艺这门技术传递给更多热爱它的人。

杨灵芝： 在学习花艺之前，我认为的花艺就是像花店里面那种打花束、插插花泥那样子的工作，但是接触了之后，我发现和我想象的完全不一样，因为要用到电钻、锯子，包括劈竹子的大砍刀，是一个体力活，对于女孩子来说也是个不小的挑战。我觉得做一名花艺师是一件很幸福的事情，可以通过我的双手和花把美好的事物以及幸福传递给别人。

【青春匠心】董青：赛场镂月裁云　霓裳技高一筹

2022 年 10 月 30 日

10 月 24 日，在 2022 世界技能大赛特别赛芬兰赛区，来自湖南工艺美术职业学院的 23 岁青年教师董青技高一筹，从 20 个国家和地区的选手中脱颖而出，斩获时装技术项目金牌，实现我国在世界技能大赛时装技术项目上的"三连冠"。

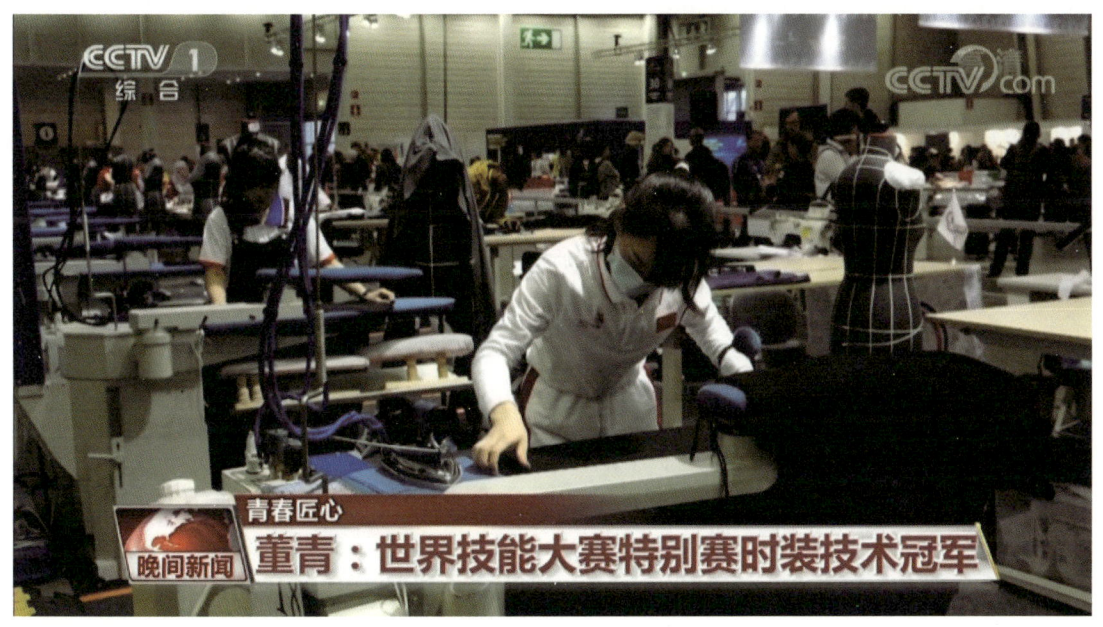

媒体眼中的
2022年世界技能大赛
特别赛

2022世界技能大赛特别赛时装技术项目共设四个考核模块，分4天举行，要求选手在规定时间内依据现场提供的材料和设备设施，按照比赛要求，严谨、细致、精美地完成服装的款式设计、立体造型、打板和排料、服装制作等任务。

董青：（比赛）压力会比较大，比较紧张，心跳也会很快，需要脑袋非常清醒，时间的分配都非常重要。

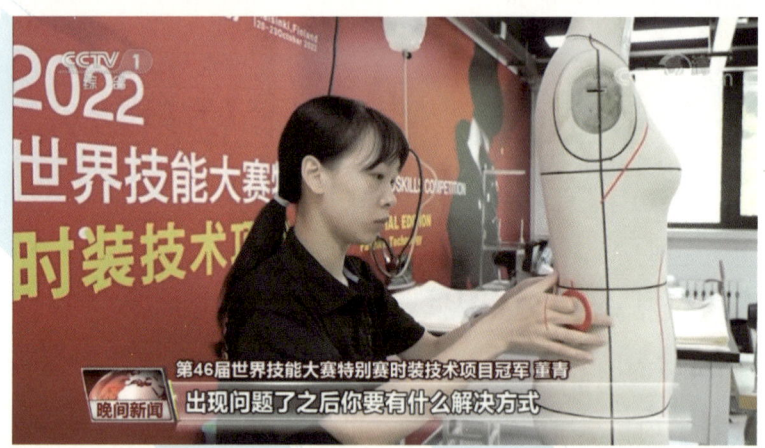

为了备战，董青8月份就到了北京，与指导团队的专家、教练一起认真分析、研读比赛规则，搜集各类素材、反复打磨作品。

董青：当时在北京基地的时候，老师给了我一个每周的训练安排表，我们就会模拟不同的环境，会出现什么问题，出现问题之后要有什么解决方式，我们是模拟了非常多遍的，一个多月，把该考虑的基本上都考虑到了。

抵达芬兰后，董青因为身体不适，吃东西时严重反胃，比赛状态受到影响，在参加第一个考核模块比赛时，3个小时的比赛时间安排不当，造成了失分。当天中午休息的时候，随团老师找到董青，及时对她进行了心理疏导。

董青：静下来之后，我就放平了心态，所以就在后续的比赛过程中，稳定了心态，

发挥出了一个比较稳定的水平。

最终,凭着精湛的技艺和良好的心态,董青一路过关斩将,获得冠军。当比赛结果宣布的一刻,董青喜极而泣。

董青:(获得冠军)不光是我自己的一个期待吧,还有付出和努力。另外就是我背后的很多老师、专家、教练,他们在我身上所付出的努力,在这一刻得到了成果,觉得非常开心。

董青从事服装专业,源于妈妈的影响。在她小学和初中的时候,董青的妈妈一直在广东服装厂打工,每年寒暑假,董青都会被带到广东,妈妈在流水线上踩缝纫机做衣服,她就在一旁玩耍。耳濡目染下,董青渐渐喜欢上了服装制作,并在中考后进入职业学校服装

媒体眼中的
2022年世界技能大赛
特别赛

专业学习。董青2020年在湖南工艺美术职业学院服装与服饰设计专业毕业后，由于表现优异留校任教。在校期间，她多次代表学校参加职业技能竞赛，获得各类技能大赛奖项，以及人力资源社会保障部颁发的"全国技术能手"称号。

董青：这个时代赋予了我们能够展示技能、展示自我的机会。对现在的职业院校的学生来说，我们可以一直保持初心，你要相信对一件事情要精益求精，不停地去钻研、摸索，其实你就可以走技能成才、技能报国之路。

【青春匠心】邵茹鹏：精雕细琢少年郎 志做当代小鲁班

2022 年 10 月 26 日

青年强则国家强，国家和民族的未来在青年。《晚间新闻》从 10 月 25 日开始推出系列报道"青春匠心"，我们将镜头对准一批青年技能人才，他们有理想、敢担当、能吃苦、肯奋斗，通过勤奋的双手，让青春绽放绚丽之花。首先带您认识一位名叫邵茹鹏的"00 后"年轻教师，他来自上海市城市科技学校。前两天，他在瑞士巴塞尔夺得世界技能大赛特别赛精细木工项目的冠军，这也是我国在世赛舞台上获得的首枚精细木工项目金牌。

邵茹鹏： 嗨，大家好。我是邵茹鹏，我现在在北京，刚刚结束了世界技能大赛特别赛瑞士赛区的比赛，目前刚

刚回到国内。

精细木工项目共有来自中国、瑞士、韩国等16个国家和地区的选手参赛。

邵茹鹏：比赛第一天就措手不及，绘图时间规划的是两个小时，但实际用了三个小时，对于比赛来说，如果前面的时间超出预期，后面工序就会压缩，影响整个题目的工序和流程。

果不其然，第二天为了补回第一天的时间，邵茹鹏发生了一处失误，导致赛题一致性上扣了分。

邵茹鹏：后面两天的比赛，我坚持完成赛题。完成就是胜利，也只有完成了才能抓住后面的大分。

精细木工项目参赛选手需在规定的4天共22个小时内，利用现场提供的设备材料，完成杆件制作、榫卯连接、拼装、打磨和装配，最终完成作品。

上海市城市科技学校副校长 项国平：首先是有个投影放样，就像绘图一样，绘图之后会把图板上的这些线投放到杆件上。如果绘图不精细、不准确，那么投放上去的线位置就不精细，做出来拼接时，这个缝就会产生。第二个方面是加工，比如说用手工或用机械在加工榫接位置的时候，如果加工得不够精细，那么也会产生缝隙。

项国平介绍，选手如果出现与图纸不一致、榫接间隙过大等方面的问题，都会被扣分。

项国平：裁判进行评判的时候，他一般会有个塞尺，选用0.2毫米和0.4毫米的插片，如果插进去了，那就表示这个缝就大

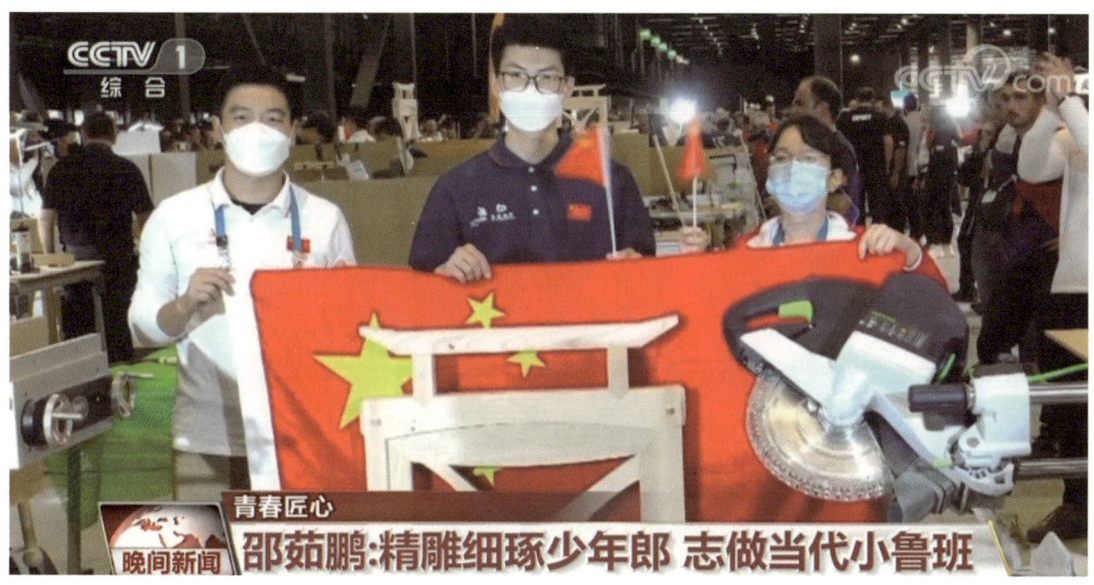

于0.2毫米或0.4毫米。如果超过0.2毫米就要扣分,如果超过0.4毫米,那这个位置的榫接就没有分了。

最终,邵茹鹏凭借精湛的技艺获得了冠军,而这也是我国在世赛舞台上获得的首个精细木工项目冠军。

邵茹鹏所在的上海市城市科技学校是本届世赛精细木工项目的国家集训基地。参赛前,邵茹鹏和基地队员们每天反复练习世赛赛题的加工方法和工艺,力求达到极致的精细,适应国际大赛的评分标准。

第46届世界技能大赛特别赛精细木工项目国家集训队队员 孙岩: 邵茹鹏为了这个比赛已经准备了四年,每天早上八点钟一直不间断训练到晚上九点钟,除了中午、晚上吃个饭,其他时间几乎都在训练。

得知邵茹鹏获奖的消息,上海市城市科技学校的师生们倍感鼓舞。

项国平: 这么多年以来,国家重视技能人才,学校里面成立了很多学生社团。这件作品是我们创意木工社团的一个作品,我们的指导老师带着社团的学生去完成的,是一个仿松江的明清古建筑。就业的话应该说非常好,像我们建筑类的专业,包括其他几个专业,就业都非常好,可以说是供不应求。

媒体眼中的
2022 年世界技能大赛
特别赛

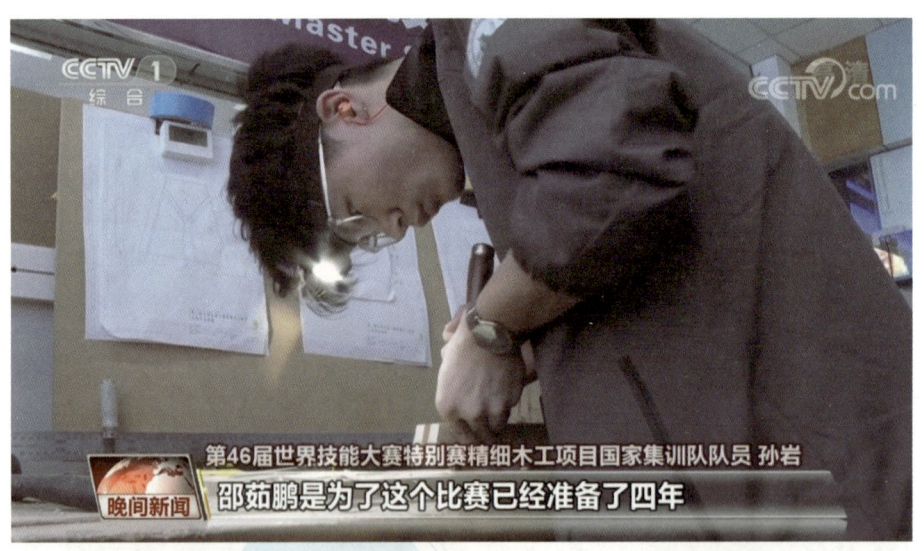

都说"三百六十行，行行出状元"，无论从事什么行当，只要脚踏实地、诚实劳动、肯干苦干，就会有出彩人生。

厉害！跟妈妈在服装厂长大的她，获世界冠军

2022 年 11 月 01 日

近日，2022 世界技能大赛特别赛芬兰赛区 23 岁的湖南教师董青斩获时装技术项目金牌，实现我国在该项目的"三连冠"。从小跟随妈妈在服装厂长大的她耳濡目染爱上了服装制作。

世界技能大赛被誉为"世界技能奥林匹克"，其竞技水平代表了当今职业技能发展的世界先进水平。2022 世界技能大赛特别赛时装技术项目共设 4 个考核模块，分 4 天举行，有来自 20 个国家和地区的选手参赛，比赛要求选手在规定时间内完成服装的款式设计、立体造型打板和排料、服装制作等任务。

为了备战，董青 8 月份就到了北京与指导团队的专家、教练一起认真分析、研读比赛规则，搜集各类素材、反复打磨作品。

媒体眼中的
2022年世界技能大赛
特别赛

在北京基地老师给董青制定了一个训练安排表，模拟不同的环境会出现什么问题，以及出现问题之后要有什么解决方式。董青表示："我们模拟了很多遍，一个多月把该考虑的基本上都考虑到了。"

一路过关斩将董青夺冠后喜极而泣

抵达芬兰后，董青因身体不适出现严重反胃，比赛状态受到影响。在参加第一个考核模块比赛时，3个小时的比赛时间安排不当造成了失分，当天中午休息时，随团老师找到董青及时对她进行心理疏导。

最终凭着精湛的技艺和良好的心态，董青一路过关斩将获得冠军。比赛结果宣布的那一刻董青喜极而泣，"这不仅是我自己的期待和努力，还有很多老师在我身上的付出，在这一刻得到成果，非常开心！"

从小跟随妈妈在服装厂长大，耳濡目染爱上了服装制作

据了解，董青从事服装专业源于妈妈的影响。在她小学和初中时，董青的妈妈

在广东服装厂打工,每年寒暑假董青都会被带到广东,妈妈在流水线上踩缝纫机做衣服,她就在一旁玩耍,耳濡目染下渐渐喜欢上服装制作。董青在中考后进入职业学校服装专业学习,2020年从湖南工艺美术职业学院服装与服饰设计专业毕业后,由于表现优异留校任教。在校期间,她多次代表学校参加职业技能竞赛获得各类技能大赛奖项,还获得了人力资源社会保障部颁发的"全国技术能手"称号。

董青表示,这个时代赋予了我们很多机会,对现在的职业院校学生来说,"你要相信对一件事情精益求精不停地去钻研、摸索就可以走技能成才、技能报国之路"。

记者:宋凯欣、温盛强、娄超、刘莉

《光明日报》

媒体眼中的
2022年世界技能大赛
特别赛

高技能人才为经济发展注入"原动力"

2022年11月03日

从木工、抹灰到美容、时装技术，从数控车到云计算……9月中旬至11月下旬，2022年世界技能大赛特别赛在15个国家分散举办。目前赛程过半，中国代表团在已完赛的27个项目上获得15枚金牌，有望再次获得金牌榜第一名。

党的二十大报告指出，"教育、科技、人才是全面建设社会主义现代化国家的基础性、战略性支撑。必须坚持科技是第一生产力、人才是第一资源、创新是第一动力"。中共中央办公厅、国务院办公厅近日印发的《关

西安建筑工程技师学院学生在备战世界技能大赛油漆与装饰项目（新华社发）

于加强新时代高技能人才队伍建设的意见》（以下简称《意见》）提出，到"十四五"时期末，技能人才占就业人员的比例达到30%以上，高技能人才占技能人才的比例达到1/3。力争到2035年，技能人才规模持续壮大、素质大幅提高，高技能人才数量、结构与基本实现社会主义现代化的要求相适应。

我国在世界技能大赛上频创佳绩意味着什么？如何看待我国劳动力市场上的"技能趋势"和当前我国技能人才的发展状况？未来，如何实现高技能人才数量、结构与基本实现社会主义现代化的要求相适应的发展目标？

世界大赛频频获奖背后的"技能趋势"

最近，"00后"小伙马宏达"刮腻子"刮成世界冠军的消息冲上热搜。凭借自己的努力，在2022年世界技能大赛特别赛上，他一路过关斩将，在抹灰与隔墙系统项目中夺冠，为中国队在该项目实现金牌"零的突破"。

其实，抹灰与隔墙系统项目不仅仅是"刮腻子"那么简单，它是指用涂料、装饰材料等对房屋建筑进行修建、改善和整修，考验选手的金属框架建造和石膏板安装技术，以及隔音、隔热、防火、抹灰、装饰线条制作与安装和艺术创意等技术。"整个比赛工艺复杂、工序烦琐。一名优秀选手只有掌握所有的工艺工法，并且在每一个环节都稳定发挥，做到极致，才有望获得金牌。"马宏达说。

世界技能大赛是最高层级的世界性职业技能赛事，被誉为"世界技能奥林匹克"。我国自2010年加入世界技能组织以来，已参加了五届比赛，今年是第六次参赛。首次参赛即获得奖牌，第43届实现金牌"零的突破"，第44届、45届连续获得金牌榜、奖牌榜、团体总分第一。人力资源社会保障部职业能力建设司技能竞赛管理处处长翟涛表示，中国代表团在世界最高技能竞技舞台上不断创造佳绩、勇攀巅峰，彰显了我国技能人才实力不断提升，也从侧面展示了我国近些年来技能人才队伍建设的发展成就。"在2022年世界技能大赛特别赛上摘金夺银的技能小匠，是我国技术工人队伍的一个缩影。这在一定程度上表明，我国技能人才队伍后继有人，可以为中国制造、中国创造提供有力的人才支撑。"

党的二十大报告指出，青年强，则国家强。当代中国青年生逢其时，施展才干的舞台无比广阔，实现梦想的前景无比光明。2019年，习近平总书记对我国选手在世界技能大赛取得佳绩作出重要指示，"要健全技能人才培养、使用、评价、激励制度，大力发展技工教育，大规模开展职业技能培训，加快培养大批高素质劳动者和技术技能人才。要在全社会弘扬精益求精的工匠精神，激励广大青年走技能成才、技能报国之路"。

在马宏达看来，我国是科技强国，也是制造业大国。国家发展既需要顶尖科技人才，也离不开一代代工匠的辛勤付出，"作为青年工匠，我要传承'老手艺人'的衣钵，把技能学精学透，用所学所能助力国家发展"。

"当前,技能已经成为劳动力市场的新货币,要深刻理解把握劳动力市场的'技能趋势'。"中国劳动和社会保障科学研究院副研究员陈玉杰表示,如何瞄准产业发展趋势,加强高技能人才队伍建设关系到我国经济结构调整和产业转型升级的顺利实现,也关系到经济社会发展的大局。

对企业来说,高技能人才对企业技术创新、提升内在竞争力具有重要作用。中国劳动和社会保障科学研究院研究员王宏指出,高技能人才具有高超技艺和精湛技能,能够解决现场疑难问题,一般承担有较高创新性要求的工作。在一些高技术制造业企业,少数高技能人才还要参与企业重大生产决策、技术革新方案论证、科技创新成果试制定型等关键工作。激发高技能人才创新活力,对于企业提高生产效率和效益、加快创新技术成果转化落地、保持甚至增强市场竞争力至关重要。

提升技能人才素质适应高质量发展需要

党的十八大以来,以习近平同志为核心的党中央高度重视高技能人才队伍建设,人社部门在顶层设计、制度建设、政策供给、重点攻坚等方面持续发力,推动高技能人才队伍建设取得重大进展:截至2021年年底,高技能人才超过6000万人,占技能人才总量的30%。规模大幅增长、地位不断提升、作用更加凸显。

但是,从整个就业和经济发展需求看,我国高技能人才队伍总量仍然不足,一些岗位高技能人才的求人倍率甚至超过2.5。高技能人才占技能人才总量的比例有所上升,但与一些发达国家相比,依然存在差距。从结构上看,高技能人才培养与产业发展结合不够紧密,层级结构不够合理,领域分布不够全面。在先进制造业、战略性新兴产业及托育、护理、康养、家政等民生重点领域,"千工好招,一技难求"成为结构性矛盾的真实写照。

党的二十大报告提出,"深入实施人才强国战略""加快建设国家战略人才力量,努力培养造就更多大师、战略科学家、一流科技领军人才和创新团队、青年科技人才、卓越工程师、大国工匠、高技能人才"。

中国人事科学研究院副研究员吴帅表示，从我国技能人才队伍结构来看，当前矛盾突出表现为"四多四少"：初级工多、高级工少，传统技工多、现代型技工少，单一型技工多、复合型技工少，短训速成的技工多、系统培养的技工少。高技能人才供给不足已经成为制约中国制造、中国创造的关键短板。从就业领域看，当前矛盾突出表现为"就业难"与"招工难"并存。其中，"就业难"主要体现为部分劳动者知识技能不能适应现代产业发展的新要求，"招工难"主要体现为技能人才尤其是高技能人才短缺。

人力资源社会保障部职业能力建设司相关负责人认为，当前，技能人才短缺现象较普遍，特别是高技能人才出现年龄断层，难以满足企业需求，不能适应经济高质量发展需要。究其原因：一是技能劳动者职业发展渠道单一、上升空间不足、成长通道狭窄、工作条件艰苦、待遇相对偏低。相当数量的企业针对一线劳动者尤其是青年职工群体的职业价值观、职业素养和职业道德培育工作不充分，部分劳动者不愿意到车间一线工作，一些技能劳动者希望尽快转到管理岗位。二是"技能成才、技能报国"的良好氛围尚未全面形成。

"这些问题如果不能得到很好解决，势必影响我国科技创新、产业升级和制造业的发展。"该负责人说。

供需两侧发力打破职业发展"天花板"

党的二十大报告提出，健全终身职业技能培训制度，推动解决结构性就业矛盾。

高技能人才培养是一项系统工程。"从人才供给侧来看，需要通过社会制度集合全体社会成员的力量，汇集各方资源，构建覆盖全产业链、全职业生涯的技能开发体系。"陈玉杰表示，一是多向发力，打好政策"组合拳"。一方面，从培养端发力，构建以行业企业为主体、职业学校为基础、政府推动与社会支持相结合的高

技能人才培养体系。另一方面，从制度设计上发力，建立国家资历框架，贯通教育培训体系。二是坚持问题导向，深化关键领域改革。聚焦高技能人才队伍建设的薄弱环节和关键问题，着力补短板、强弱项，破解制约高技能人才队伍建设的体制机制障碍。三是着眼未来发展，积极应对新问题新挑战。为应对数字化转型带来的冲击，加强数字技能培养，实施数字教育培训资源开放共享行动，建立数字技能人才培养试验区。同时，行业主管部门和行业组织要结合生产、技术发展趋势，做好高技能人才供需预测和培养规划。

陈玉杰认为，高技能人才队伍建设要从实际出发，切实抓好培养、选拔、评价、使用、激励和保障等环节工作，建立培养快、使用好、评价准、待遇优的行之有效的工作机制，形成有利于高技能人才快速成长和充分发挥作用的制度环境和氛围，将外生的制度设计转化为高技能人才培养内生的发展动力。一方面，从供给侧抓好高技能人才队伍建设；另一方面，从需求侧营造"尊重技能"的社会环境。

长期以来，社会地位不高、发展空间有限是制约高技能人才队伍发展的重要因素。"应从发展通道建设、荣誉奖励、政治参与等方面进行路径设计，进行一系列部署。"吴帅说，比如增加职业技能等级，通过在高级技师之上增设特级技师和首席技师，打破技能人才职业发展"天花板"；畅通流动渠道，通过支持事业单位面向符合条件的技能人才招聘工作人员、选拔党政干部，鼓励企业加快技能序列与专业技术或管理序列的贯通，打造技能人才职业发展"立交桥"；建立国家资历框架，推进学历教育、非学历教育、职业技能等级间的转换互认，推进学历证书和职业技能等级证书互通衔接，统一"通行证"等。

人力资源社会保障部职业能力建设司相关负责人指出，针对技术工人短缺和劳动者不愿到生产一线就业的结构性矛盾问题，实施一系列"组合拳"。一是通过"健全高技能人才岗位使用机制"，激励高技能人才在企业、院校发挥作用，提升他们的"成就感"。二是通过"完善技能要素参与分配制度""完善技能人才稳才留才引才机制",从增加高技能人才收入水平、关爱技能人才等角度出发,让高技能人才乃至其家庭成员拥有更多的"获得感"。三是通过"拓宽技能人才职业发展通道""推行职业技能等级认定""完善职业技能竞赛体系",进一步打破技能人才职业发展"天花板",鼓励其钻研业务、加强学习、提升技能,增强他们自我提高的"动力感"。四是通过"加大高技能人才表彰奖励力度""健全高技能人才激励机制",增强社会各界对技能人才的认可度,让高技能人才有发自内心的"荣誉感"。

"未来,我们将向着'尊重技能尊重劳动的社会氛围更加浓厚'的目标不断努力,让更多的劳动者愿意走技能成才、技能报国之路,为增强国家核心竞争力和科技创新能力,缓解就业结构性矛盾,推动高质量发展贡献自己的力量。"该负责人说。

记者:邱玥

平凡技艺也能成就精彩人生

2022 年 11 月 01 日

三百六十行，行行出状元。不久前，"'00后'小伙刮腻子得世界冠军"的新闻引发舆论关注，很多媒体和网友纷纷称赞："平凡的技艺，也能成就精彩的人生。"新闻主角马宏达出生于2000年，是浙江建设技师学院建筑装饰技师班的一名学生，他在2022年世界技能大赛特别赛抹灰与隔墙系统项目中获得冠军，实现了中国队在该项目上金牌"零的突破"。

说到刮腻子，很多年轻人大概会感到陌生，第一次接触往往都是在自家新房装修时。按照普通人的理解，刮腻子无非就是将腻子刮在墙上以保证墙面平整。但在世界级比赛中，却有着"偏差不得超过1毫米"的苛刻标准，同时还要考验运用石膏技术在一面空白墙面上自由创作的技艺与审美。为此，马宏达五年磨一剑，凭借扎实的技术和稳定的发挥技压群雄、一举夺冠，成就了自己，也赢得了赞誉。

对技能的尊重，对工匠精神的崇尚，是社会风尚转变的重要标志。与马宏达一道征战在世界技能大赛特别赛法国赛区的中国选手，还有参加健康和社会照护项目比赛的吴怡欣、参加移动机器人项目（双人项目）比赛的侯坤鹏和唐高远……因为生活场景的不同，这些项目在人们心中或神秘高端，或普普通通，却都彰显着共同的追求，那就是"执着专注、精益求精、一丝不苟、追求卓越"。

党的二十大报告指出："青年强，则国家强。"怀抱梦想又脚踏实地、敢想敢为又善作善成，有理想、敢担当、能吃苦、肯奋斗，才是新时代好青年应有的样子。当代中国青年生逢其时、舞台广阔，只要肯努力、肯拼搏，终究会找到施展才干的领域，实现自己的梦想。

国家统计局数据显示，我国劳动力资源仍比较丰富，但劳动力整体素质还有待提高，高技能人才仅占技能人才总量的30%，特别是在转向提高技术、通过技术进步来促进经济增长的关键时期，更依赖高素质劳动力的供给。而今，大力促进职业教育发展，把对职业教育高质量发展的重视程度提到前所未有的高度，正是立足于此。

不仅如此，让普通劳动者的付出得到应有回报，让更多人勤劳致富，是引导整个社会尊重劳动、尊重劳动者的"里子"。党的二十大报告指出，通过"完善分配制度"促进共同富裕，要"提高劳动报酬在初次分配中的比重""坚持多劳多得，鼓励勤劳致富，促进机会公平，增加低收入者收入，扩大中等收入群体"，格外使人振奋。虽然我国经济总量已经位居世界第二，但要保持长期稳健的经济增长，实现真正意义上的共同富裕，还要依靠劳动生产率的提高，依靠良好的分配制度来释

放全社会每一个人创新创造、拼搏奋斗的热情。可以说,在一段时期内,通过庞大的职业教育体系培养出大批高级技术工人并不难,关键在于有效提升这一群体收入、进一步拓展其上升通道,使其获得感、幸福感、安全感得以持续增加,才能源源不断地吸引人才进入,形成事业蓬勃发展的生动局面。

作者:赵明昊

媒体眼中的
2022 年世界技能大赛
特别赛

青春闪光须磨砺　技能精湛方有为

2022 年 11 月 28 日

天津市电子信息技师学院教师张洪豪在参加信息网络布线项目的比赛（新华社发）

上海农林职业技术学院杨灵芝获花艺项目优胜奖（新华社发）

【编者按】近日，一群平均年龄22岁的中国"技能小匠"刷屏了，在被称作"世界技能奥林匹克"的世界技能大赛上，他们凭借高超本领，勇攀世界技能之巅。

2022年世界技能大赛特别赛9月至11月在15个国家分别举办，共设62个比赛项目。中国代表团36名选手参加其中34个项目的比赛，取得了优异成绩。

党的十八大以来，以习近平同志为核心的党中央高度重视技能人才队伍建设。党的二十大报告指出，"加快建设国家战略人才力量，努力培养造就更多大师、战略科学家、一流科技领军人才和创新团队、青年科技人才、卓越工程师、大国工匠、高技能人才"，大国工匠、高技能人才再次被置于国家发展的重要位置上。在本届世界技能大赛特别赛完赛之际，我们特邀金牌得主中的6位代表讲述奋斗故事，并请专家建言如何让技能成才之路越走越宽广。

媒体眼中的2022年世界技能大赛**特别赛**

1761个日夜，只为站上世界级舞台

讲述人： 2022年世界技能大赛特别赛云计算项目金牌得主、深圳技师学院毕业生 **陈新源**

2015年9月，刚踏入校门的我就被眼前的巨幅海报吸引了，那是马韦欣学姐夺得世界技能大赛优胜奖的照片。技能学子也能站在世界级舞台上为国争光，我心里那团火瞬间被点燃。

2017年12月21日，我加入校集训队，开启了1761天的逐梦故事。2018年11月，我把主攻方向确定为刚刚成为世赛项目的云计算。可没想到，第一次参加国家级比赛，却因失误只取得了第七名。

永不放弃，再战一次，我下定决心。为了在赛场上状态更稳定，我以赛代练，参加了国内外多个邀请赛，在比赛中寻找问题、解决问题。

2020年12月13日，在我加入集训队的第1087天，终于获得了第一届职业技能大赛暨第46届世界技能大赛全国选拔赛云计算项目金牌。最终，我的名字出现在第46届世赛特别赛出征名单上。

这场比赛高手如林，但我越战越勇，以几乎满分的成绩完成比赛。当听到自己夺得金牌的那一刻，我奋力向领奖台跑去。实现我国在该项目上金牌"零的突破"，我做到了。

1761个日夜，带来的不仅是金牌，更是为国争光的信念、技能成才的自信、不畏困难的勇气和刻苦学习的习惯。我想把经验与心得分享给更多技能青年，让他们在世赛舞台上绽放青春光彩。

厚积薄发,源自精益求精

讲述人: 2022 年世界技能大赛特别赛抹灰与隔墙系统项目金牌得主、浙江建设技师学院学生 **马宏达**

2019 年 8 月,我在第 45 届世界技能大赛现场,为"国手"高宇宙加油助威。尽管此前在选拔赛上我遗憾落败,可我还是被现场的氛围所震撼,下定决心,一定要在世赛舞台上为国争光。

三年后,我终于站上了世赛特别赛最高领奖台,实现了我国在抹灰与隔墙系统项目上金牌"零的突破"。

我来自浙江瓯海,中考时,工匠出身的父亲建议成绩不理想的我学一门技术。于是,我考入浙江建设技师学院。刚进校,动手能力强、有些绘画底子的我就被推荐参加世赛梯队选拔赛。

还记得当时"招募令"一发布,200 多名同学踊跃报名。可每天与水泥、石膏板、瓷砖为伴,半天下来浑身粉尘、筋骨酸痛,很多同学放弃了。我想,既然选择了这条路,就好好干下去。

为了备战,我每天早上 8 点开始训练,一天不少于 7 小时。夏天时,刚做几组动作就汗如雨下,一双常人能穿一年的钢头鞋,两个月就被我磨破了底。2021 年 12 月,第 46 届世界技能大赛抹灰与隔墙系统项目迎来首次阶段性考核,厚积薄发的我顺利晋级。

事实证明,抹灰与隔墙系统项目绝不是"刮腻子"那么简单。在世赛里,对操作精确度有极高要求,操作误差往往不能超过 1 毫米。项目赛程为期 4 天,赛题在比赛前夕才公开,我们不仅要迅速读懂英文图纸,还要在短时间内施工完成。

印象最深的是创意模块,需要的技艺最多也最复杂。我的作品由红蓝白三色构成,红色的埃菲尔铁塔与蓝天交相辉映,顶部中央一枚卷起的白色羽毛被群鸽环绕,这一表达爱、和平与浪漫的作品成功打动了评委。

一枚金牌,凝聚了无数人的托举和付出。感谢这个美好的时代,让我们的路越走越宽广。

用精湛技能奉献制造强国

讲述人: 2022年世界技能大赛特别赛光电技术项目金牌得主、重庆电子工程职业学院学生 **李小松**

我来自江西农村,小时候家里没什么玩具,我就对身边电器"下手",小到手电筒,大到电视机,都敢拆下零配件制作玩具车。当然,这"拆家"的乐趣,可没少让我挨"板子"。

初入大学时,我加入了陈良国家级技能大师工作室智能电子产品设计工匠工坊,在蔡运富教练指导下训练技能。光电技术项目正式成为世界技能大赛新项目后,我成功加入重庆集训队,而后又进入国家集训队,拿到了2022年世界技能大赛光电技术项目比赛的入场券。

备战世赛的那段日子,我在集训基地搭起行军床,每天早晨七点便投入训练,每天训练超过12小时。在比赛样题训练过程中,难题出现了:用比赛提供的耗材,我们无法按照旧方案按时完赛。团队不断尝试新的方案,但成效都不明显。经过一次次昼夜不停的技术攻关,团队终于找到了一种用时最短且最稳定的方案,让我能够提前1个小时完成比赛。大家终于松了一口气。

经过重重考验,我终于站上了领奖台!这是所有为此付出的人共同奋斗的结果。获奖只是新的开始,今后我会继续发扬精益求精的工匠精神,为建设制造强国贡献一份力量。

广东省技师学院学生陈智勇在 2022 年世界技能大赛比赛中

执着前行，为梦想深耕不辍

讲述人： 2022 年世界技能大赛特别赛可再生能源项目金牌得主、广东省技师学院学生 **陈智勇**

2019 年高考后，因为打小对"动手"的兴趣，我放弃了一所大专院校药学专业的就读机会，入读广东省技师学院机电一体化专业。

入学不到一年，我抱着试试看的心态，参加了第 46 届世界技能大赛可再生能源项目的校内选拔，虽然进了集训队，但由于很多知识、技能都没接触过，排名比较靠后。为了尽快补上短板，我勤学苦练，遇到不懂的就及时请教教练和其他选手。经过几个月集训，我从二十几名挤进了前五名，并在最后一次校内选拔中夺得第一，代表学校参加广东省第一届职业技能大赛，又拿下了全省第一。

2020 年年底，我代表广东省参加首届全国职业技能大赛。国赛的竞争激烈程度比省赛高出一大截，而可再生能源项目又是世界技能大赛的新增项目，没有经验可借鉴，这让我压力倍增。

训练中最难解决的是速度问题。可再生能源项目对选手的技能要求非常高，尤其是光伏安装模块，要求选手在几小时内完成。而第一次接触时，我用了两天才基本完成。

好在勤能补拙，经过每天十几个小时的训练，我的速度逐渐提上来了，自信心也找回来了。教练全程贴身指导，仔细分析我的每个动作，具体到每次抬手、每次弯腰、每个转身走动，时间都精确到秒。最终，我以较大优势获得了国赛金牌。

媒体眼中的
2022年世界技能大赛
特别赛

进入国家集训队后,我更是一刻不放松,终于如愿代表中国踏上了世界技能大赛特别赛征战之旅。赛前,教练团队对几个竞争对手进行分析研究,为我制订了周密的训练计划。四天比赛下来,我在规定的17个赛时内完成了所有项目,有些项目还提前完成。最终,我们拿下了这个项目的历史首金。

实现梦想,为国争光,我感到非常自豪。我不是一个人在战斗,背后是学院乃至国家的培养。未来,我会执着于梦想,在可再生能源行业继续深耕、不断创新。

让中国家具之美被世界看见

讲述人:2022年世界技能大赛特别赛家具制作项目金牌得主、江西环境工程职业学院青年教师 **李德鑫**

我今年22岁,出生在有着"木匠之乡""中国实木家具之都"美誉的江西省赣州市南康区。真正爱上家具制作,感受到这门手艺的美感,是进入江西环境工程职业学院家具艺术设计专业学习之后。这次能代表学院、代表祖国征战世界技能大赛,我感到无上光荣。

家具制作是一项很考验动手能力的项目。这次比赛,要求我们18名选手在四天内指定的22小时里,完成一张同一样式的立式柜。比赛精细度要求极高,评分项细分到了146个。以1米高的桌腿为例,尺寸差要求在正负0.5毫米之内,做不到就得零分。此前,我为了参赛而刻苦训练,尤其是在纯手工制作"双燕尾榫"抽屉上下了大功夫。训练最密集的时候,教练为我制订了专门的

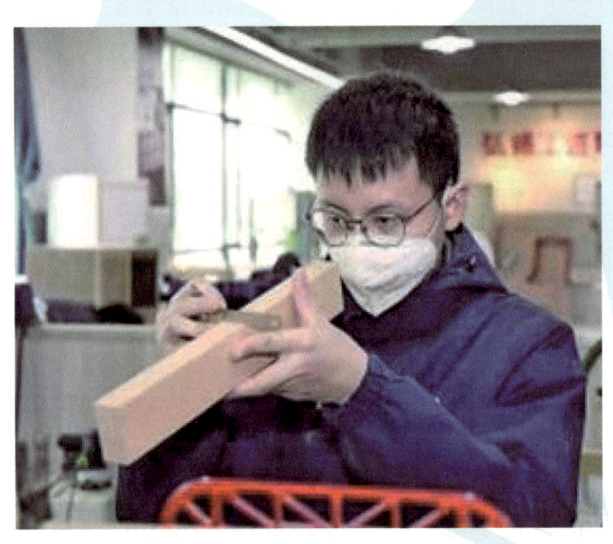

李德鑫在比赛中测量家具部件制作精度

训练计划，要求每天至少制作一个抽屉。那段时间，我有时连续制作五六十个抽屉，慢慢摸索出一套适合自己的加工操作方法，作品质量也越来越好了。

比赛不单是技术的较量，更是心态的考量。虽然经过了长时间训练，但这次初到国外，一直没找到合适的场地训练，所以比赛开始我有些紧张。幸好中国技术指导专家组组长刘晓红一直鼓励我、帮助我，我很快调整好心态，进入了沉浸比赛、享受比赛的状态。

记得那天，我把一份打磨好的榫卯结构半成品交给评委打分之后，迟迟不见归还。走近一看，评委们正围成一圈，对榫卯看了又看、摸了又摸。原来，因为作品细节处光滑无瑕，外国评委们觉得不可思议。随后，在我制作"双燕尾榫"这一细节时，他们纷纷围观，并向我竖起了大拇指。那一刻，我感到十分自豪。

这枚金牌是我国在本次赛事中获得的首枚金牌，也是自参加世赛以来我国在这个项目上的首枚金牌。当有人问我以后的人生规划时，我想起了父亲的叮嘱："当了世界冠军，还得戒骄戒躁，今后的路还长着哩。"对啊，我要继续努力，让中国家具之美被世界看见。

稳定发挥，直到最后一秒

讲述人：2022 年世界技能大赛特别赛印刷媒体技术项目金牌得主、上海出版印刷高等专科学校教师 **顾俊杰**

3 天，21 个小时，21 项工作……作为全场最后一位完赛的选手，我稳定发挥到了最后一秒，最终将金牌稳稳拿下。

回想起 2019 年，当得知世界技能大赛印刷媒体技术项目校队选拔开始时，我立志成为其中一员。功夫不负有心人，我一路过关斩将，最后成功进入国家队。

在 3 天的比赛中，最紧张的时刻是最后一天最后一项工作——四色胶印，这是公认难度高、占分多的环节。不巧，我正赶上晚饭时间。根据以往比赛经验，饭后

媒体眼中的
2022年世界技能大赛
特别赛

顾俊杰在比赛中调配专色油墨

大脑供血不足，可能会对肌肉动作和头脑反应产生细微影响。为了做到万无一失，我没有去吃饭，而是枯坐两小时等待评委们归来。当其他选手基本完赛在一旁庆祝时，我才开始胶印，怀着紧张且兴奋的心情，最终圆满完成，为祖国夺得了在这个项目上的首金。

多年的梦想，终于圆了。接下来，我要带出更多更优秀的高技能人才，让他们在"技能成就梦想"的道路上大步向前。

记者：张胜、严圣禾、陆健、李宏、张国圣、吴春燕、唐一歌、胡晓军、王洋、颜维琦、王斯敏

一砖一瓦筑青春 技能打造强国梦
——2022年世界技能大赛奥地利赛区比赛侧记

2022年11月29日

当地时间11月27日下午,2022年世界技能大赛特别赛最后一站奥地利赛区比赛在萨尔茨堡落下帷幕。经过3天的激烈角逐,中国代表团在全部7个项目中共获得6枚金牌、1枚铜牌,取得了历史性的突破。

中建五局高级技工学校伍远州获得砌筑项目金牌,实现该项目金牌三连冠。上海第二工业大学朱珂、宁波技师学院蒋昕桦、河南化工技师学院姜雨荷分别获得货运代理项目、重型车辆维修项目、化学实

验室技术项目金牌，中国队在这三个项目实现了金牌"零的突破"。江苏省盐城技师学院余守安获得电气装置项目金牌，该项目继第45届世界技能大赛获得金牌后实现蝉联。铁岭技师学院姜昊获得工业控制项目金牌，该项目继第44届世界技能大赛获得金牌后，时隔5年再获金牌。此外，郑州商业技师学院张阳光、刘锦豪合力摘得混凝土建筑项目铜牌。值得一提的是，大部分参加比赛的中国选手都是"00后"的在校学生。

在整个比赛过程中，给记者留下最深刻印象的是重型车辆维修项目。重型车辆维修是指技术人员负责大型机械和工业设备维修保养的竞赛项目，项目分为六个模块：柴油发动机模块、液压模块、电气系统模块、传动模块、转向制动模块和PDI（新车交付前检验）模块。负责重型车辆维修项目的中国专家组组长、宁波技师学院教师刘庆华在接受记者采访时表示，本次世界技能大赛特别赛重型车辆维修的比赛车型是利勃海尔轮式挖掘机等6款重型车辆，而这些车型是一个月前刚刚公布的。由于此类车型都是欧美厂商生产，国内不仅没有现成的，而且选手用来准备比赛的国产车型在很多技术标准上与比赛车型相差甚远，有些部件更是连见都没见过。参赛选手和项目团队只能在抵达奥地利之后抓紧时间寻找各种机会尽快熟悉和接触此类车型，为参加比赛做准备。而相比之下，欧美国家选手尤其是东道主奥地利选手则有更充裕的时间研究车型，从而获得比赛优势。

重型车辆维修项目的参赛选手是宁波技师学院汽车维修专业技师班学生蒋昕桦，年仅20岁的他也是2020年首届全国职业技能大赛重型车辆维修项目的金牌获得者。2017年中考后蒋昕桦进入宁波技师学院，当时因学习成绩不理想，他一度非常失落。后来随着学习的深入和老师的鼓励，蒋昕桦在技能学习中重拾信心，开始主动学习，一步一个脚印跟着老师学习重型车辆维修知识。作为参赛选手，蒋昕桦需要娴熟地掌握英语。"我一开始英语比较弱，为了参加技能比赛，我只能拼了。"蒋昕桦说。现在，他不但能看懂各种英语资料，掌握了几乎所有重型车英文词汇，

能熟练地与裁判用英语交流，用英语撰写比赛报告，甚至还用英语指挥完全不会开挖掘机的翻译人员开动了大型挖掘机。刘庆华老师在赛前对记者表示，重型车辆维修项目一直是欧美的传统优势项目，中国选手从未获得过金牌，对于本次比赛也只能是尽力而为。然而，蒋昕桦不仅攻克了语言难关，更克服了比赛车型的客观不利条件，实现了该项目金牌"零的突破"，这个冠军得来实属不易。

党的二十大报告指出，"加快建设国家战略人才力量，努力培养造就更多大师、战略科学家、一流科技领军人才和创新团队、青年科技人才、卓越工程师、大国工匠、高技能人才"，大国工匠、高技能人才再次被置于国家发展的重要位置上。随着时代的发展，人们对技术工人的传统观念也在悄然发生改变：在职业院校里，主动学习技能，掌握技能的学习氛围越来越浓。在很多省市，积极参与竞赛的院校越来越多，很多院校开始购置更新、更尖端的实训设备，研究并掌握紧贴时代发展、与生产实际结合更紧密的技术和技能。在世赛实训基地，很多专家、教练更是和学校一起，将世赛成果转化为教学成果，将世赛的规范、标准和技术传授给更多学生。在赛场上，参与和支持竞赛的中国企业越来越多，在赛场下，积极推进校企合作的国内外企业也越来越多。

中国加入世界技能组织的12年间，中国技能队实现了从"板凳队员"到"世界头号种子选手"的华丽转身，在举世瞩目的世界技能赛场上，中国技能队也留下了灿烂辉煌的一页。从起初的"旁观者"变成之后的"参与者"，从过去的"参与者"变成现在的"成功者"。汗水凝结的硕果，也创造了更多中外合作的机会。在广东省机械技师学院，德国西门子公司和学校合作建成了全国首个中德西门子学院，德国技术、德国制造、德国双元制人才培养模式直通课堂。在杭州技师学院，德国宝马公司在这里建成了全流程的汽车喷漆技术实训室，从这里培养出来的汽车喷漆项目选手蝉联两次世赛冠军。在铁岭技师学院，工业控制项目的专家、教练定期带选手到这里集训、走训，德国和俄罗斯的技术专家也前来开展国际交流。我国的院校、

媒体眼中的
2022年世界技能大赛
特别赛

企业和政府正在形成良性运转的链条，帮助更多有志于投身职业技能领域的年轻人实现他们的梦想。

世界技能大赛被誉为"世界技能奥林匹克"，其竞技水平代表了当今职业技能发展的世界最高水平。2022年世界技能大赛特别赛于9月中旬至11月下旬在15个国家分散举办，比赛项目共62个，我国共派出36名选手参加其中的34个比赛项目，奥地利赛区是2022年世界技能大赛最后一站比赛，至此所有比赛项目全部结束。中国代表团在参加的34个项目上共获得21枚金牌、3枚银牌、4枚铜牌和5个优胜奖，在金牌榜上名列第一。金牌获奖率高达62%，参赛项目夺牌率高达97%，实现了新的突破。

作者：焦授松

《经济日报》

媒体眼中的
2022年世界技能大赛
特别赛

培育更多大国工匠

2022年10月27日

近日，浙江建设技师学院学生马宏达摘得世界技能大赛特别赛抹灰与隔墙系统项目桂冠的消息登上热搜，高技能人才再次受到社会广泛关注。党的二十大报告提出，必须坚持科技是第一生产力、人才是第一资源、创新是第一动力，深入实施科教兴国战略、人才强国战略、创新驱动发展战略。中共中央办公厅、国务院办公厅日前印发《关于加强新时代高技能人才队伍建设的意见》，将在未来帮助更多劳动者从低生产效率部门转入高生产效率部门，促进更多企业提高生产效率，加快创新技术成果转化落地。

伴随着技术进步与产业转型升级，整个社会对技能人才素质提出了更高的要求。当前，就业结构中的供需匹配矛盾突出，招工

难与就业难并存，初级工多、高级工少，传统型技工多、现代型技工少，单一型技工多、复合型技工少，短期速成多、系统培养少，技能人才求人倍率长期保持在1.5以上，而高技能人才的求人倍率已达2.5以上。同时，部分劳动者知识技能不能适应现代产业发展变化，求职和就业难度较大，高技能人才存在总量不足、年龄断层、待遇不高及职业发展空间小等现实问题。因此，补齐制约中国制造加快升级的这一明显"短板"尤为迫切，需要加快构建高技能人才培养体系，推动高技能人才队伍数量、结构与社会主义现代化国家建设进程相适应。

无论培养哪个领域的人才，都需要构筑起合理、完整的系统工程来综合施策，锻造技能人才大军也不例外。这些年，技能人才队伍逐步壮大，形成了巨大的人力资源优势，这些都离不开各项体制机制的协同保障。为更好适应新技术革新对技能人才的客观需求，需着眼于我国国情、产业升级、群体特点等，鼓励企业、院校等各方积极参与合作，深化产教融合、校企合作，开展订单式培养、套餐式培训，创新校中厂、厂中校等方式，鼓励开放式培训，创新高技能人才培养模式，加大对急需紧缺人才和新职业的培育力度。

企业应在培养高技能人才过程中更多发挥主体作用。企业是广大技能劳动者的用工主体，最了解生产岗位的能力需求，在培养高技能人才上有天然优势。与此同时，高技能人才在企业进行工艺创新等过程中的作用也十分突出。高技能人才的榜样作用还能更好激发一线职工的创新活力和工作热情。从实践来看，高技能人才建设做得好的企业，往往青年工人的凝聚力较强、人才流失率较低。因此，需进一步鼓励和引导促进企业发挥更大效能。针对企业参与高技能人才培养动力不足的问题，应逐步完善高技能人才岗位使用机制和技能要素参与分配制度；高技能人才配置状况应当作为企业参与重大工程项目招投标倾斜、评优和资质评估的重要因素；更加提倡多劳者多得、技高者多得的薪酬分配方式，促进人力资源优化配置。

媒体眼中的
2022年世界技能大赛
特别赛

技能是就业市场"硬通货"

2022年11月22日

近期，世界技能大赛特别赛各国分赛场上，中国选手的优异表现持续引发热议。"青年鲁班"邵茹鹏用机械加手工的方式将木料连接处的缝隙控制在0.2毫米之内，数控铣项目选手周楚杰凭超强实力将工件尺寸精度保持在0.02毫米之内，抹灰与隔墙系统项目选手马宏达以一手"刮腻子"绝活，实现了中国队在该项目上金牌"零的突破"。一技之长，能动天下，技能报国同样会让人生出彩。

"刮腻子""打家具"就没有

成就感吗?这些青年给出了否定回答。围观马宏达的比赛过程,每一个环节都要做到极致才有望获得金牌。在北京冬奥会场馆建设期间,正是技术过硬、手艺精湛的建筑工人用精湛的抹灰、砌墙技艺,把"黑科技"设计图纸一寸一寸变成了美轮美奂的场馆、赛道。正是在那些看起来不起眼的焊接、锻造等岗位上,工人们凭着千锤百炼的精工细作和反复磨炼的"肌肉记忆",成就了一件件大国重器。这些都是中国产业工人的骄傲,是支撑中国制造、中国创造的重要力量。当下,虽然学历仍是不少求职者的能力标签,但技能也已成为劳动力市场的"硬通货",无数劳动者凭借一技之长过上了安居乐业的生活。

每个人都有闪光的机会,技术工人也有华丽转身的那一刻。当前,我国立足新发展阶段、贯彻新发展理念、构建新发展格局,正处于大规模培养技能人才尤其是高技能人才的黄金时代。针对技能人才队伍建设中遇到的痛点难点,国家推出了不少新举措、硬要求。其中,针对技能人才关心的收入分配问题,相关政策已提出完善技能要素参与分配制度,要求引导企业建立健全基于岗位价值、能力素质和业绩贡献的技能人才薪酬分配制度,尤其要求国有企业在工资分配上发挥向技能人才倾斜的示范作用。有些民营企业还为作出贡献的高技能人才实行超额利润分享计划,可视为劳动者按技能、业绩参与分配的具体实践。

此次中国年轻选手在世界技能大赛特别赛上展现出骄人实力,正是进一步营造"技能成才、技能报国"良好社会氛围的契机。以此次大赛为窗口,关注顶尖高手之间的角逐,将有助于增进全社会对职业技能的了解,不断传承"劳动光荣、技能宝贵、创造伟大"的精神。

记者:敖蓉

媒体眼中的
2022年世界技能大赛
特别赛

技能奖牌见证产业升级

2022年12月04日

近日，2022年世界技能大赛特别赛最后一站奥地利赛区比赛落幕。中国代表队在参加的34个项目中取得了21枚金牌、3枚银牌、4枚铜牌和5个优胜奖的优异成绩，金牌数和团体总分再次位居世界第一位。

历数本次世赛特别赛战报，可以发现中国代表队获得的21块金牌中有不少"零的突破"。特别是在新兴产业所涉及的赛道中，中国"00后"选手的表现尤其抢眼。

在最后一站重型车辆维修项目中，浙江宁波"00后"小伙蒋昕桦

拧螺丝成就世界冠军,实现了中国队在该项目上金牌"零的突破";在云计算项目中,来自广东深圳的陈新源以每天接近满分的压倒性优势,在该项目首次摘金;在新增项目之一的光电技术的角逐中,来自重庆的李小松为中国队拔得头筹;同样是新增赛项,可再生能源项目要用4天多的时间完成风光互补发电系统安装调试等一整套复杂任务,广东学生陈智勇拿下了这枚来之不易的金牌……奖牌不仅记录着技能强手的艰苦努力,更折射出我国向制造业强国迈进的时代之光。

青年一代技能人才在世界舞台上成功夺冠,与国家产业布局优化升级、努力开辟新领域新赛道、不断塑造新动能新优势紧密相关。对此,业内专家表示,我国高技能人才能在世界级大赛中获奖,不仅说明我国高技能人才在新产业新领域已经可以比肩国际高技能人才,更说明随着新一轮科技革命和产业变革深入发展,我国产业持续升级,在数字经济、新能源等新领域已经取得了长足的进步,甚至已经开始领跑。

中国劳动和社会保障科学研究院职业与技能研究室副主任陈玉杰认为,技能人才特别是高技能人才是推动技术创新和实现科技成果转化不可缺少的重要力量。瞄准产业发展趋势,加强高技能人才队伍建设关系着我国经济结构调整和产业转型升级的顺利实现,也关系到经济社会发展的大局。我国在多个领域突破引领世界科技创新前沿,在多条赛道驱动发展新技术新产业,为广大技能人才发挥才干提供了广阔空间。

高技能人才发展不仅是中国产业升级的一个缩影,也是促进制造业迈向高质量发展的关键因素。中国劳动和社会保障科学研究院研究员王宏表示,高技能人才具有高超技艺和精湛技能,能够解决现场疑难问题,一般承担有较高创新性要求的工作。在一些高技术制造业企业,少数高技能人才还要参与企业重大生产决策、技术革新方案论证、科技创新成果试制定型等关键工作。激发高技能人才创新活力,对于企业提高生产效率和效益、加快创新技术成果转化落地、保持甚至增强市场竞争

媒体眼中的
2022年世界技能大赛
特别赛

力至关重要。

当前，数字经济、"双创"加快发展，新型城镇化、乡村振兴孕育巨大发展潜力，新的就业增长点不断涌现，大量新职业新领域新机遇应运而生。专家表示，期待广大劳动者特别是青年一代学得一技之长，为我国经济结构调整和产业转型升级贡献自己的力量。

记者：敖蓉

《工人日报》

媒体眼中的
2022年世界技能大赛
特别赛

从社交平台的点赞看世界技能大赛激起的涟漪

2022年11月03日

9月中旬至11月下旬，2022年世界技能大赛特别赛作为2022年上海第46届世界技能大赛的替代活动，在15个国家分散举办，共设62个比赛项目。我国派出36名参赛选手参加34个项目的比赛。这群平均年龄22岁的技能小匠表现出色，在已经完赛的27个项目上，共斩获15金3银3铜和5个优胜奖。他们的成才之路让人们看到了技能青年向上的力量。

世界技能大赛被称作"世界技能奥林匹克"，是全球规模最大、影响力最广的职业技能竞赛。这些技能冠

军代表着各个行业的技能水准,也体现着一个国家及其制造业、职业格局等的发展态势。近年来,我国参赛选手不仅在传统优势项目蝉联冠军,还不断实现着更多项目奖牌"零的突破"。

世界技能大赛在公众中的影响力越来越大。"刮腻子也能成为世界冠军"等消息不时冲上热搜,引来社交媒体上的无数点赞和点评。

在职校生人群内,有职校生在社交平台发起相关话题,有人在线求世界技能大赛"历年真题"、相关参赛规则,有人分享赛场视频,很多话题参与者希望自己也能有机会上场一搏,"他们可以夺冠,相信我也可以"。可以看出,大赛传来的好消息让不少职校学生燃起理想的火花,它在悄然影响着、引导着一些青年正视职业教育,摆脱自卑心理,坚定向掌握更高水平技能冲刺的信心。

在公众层面,技能冠军的"出圈"刷新着很多人对技术工人的认知,"凭努力站上自己行业的巅峰"等留言,透露出网友对不同行业高水平职业技能有了新的理解,对"行行出状元"有了更直观的感受,同时也更加尊重这些千行百业中的奋斗者。网友的点评中也不乏对职业教育高质量发展、涵养工匠精神的期待,对"高难度、高技能,才会带来高附加值"的共识。

从社交平台网友的点赞和点评中可以看出,世界技能大赛正在无数人心中激荡起积极向上的涟漪,"有梦想谁都了不起"正在更多劳动者心中绽放。这无疑有助于技能人才有收入、有地位、有尊严的愿景早日实现,有助于崇尚劳动、尊重人才良好氛围的形成。

越来越多职校青年走上世界技能大赛领奖台,并收获公众的肯定,离不开近年来我国在职教改革、产教融合、弘扬工匠精神等方面的扎实努力,包括2022年5月施行的新职业教育法等,这些都为职业教育高质量发展奠定了制度基础。

世界技能大赛是竞技平台,也是一个窗口,从中可以看到我国近年来职业教育优化发展的成果,以及提振职业教育发展的澎湃动力。遗憾的是,与大型体育赛事

媒体眼中的
2022年世界技能大赛
特别赛

冠军、综艺选秀冠军等相比，世界技能大赛各项目冠军还没有那么"吸睛"。重视技能人才的培养，我们还有诸多努力的空间。

技能人才是支撑中国制造、中国创造的重要力量，加强高技能人才队伍建设，对增强国家核心竞争力和科技创新能力，推动高质量发展具有重要意义。党的二十大报告指出，统筹职业教育、高等教育、继续教育协同创新，推进职普融通、产教融合、科教融汇，优化职业教育类型定位。新征程上，我们期待有更多大国工匠、技能人才脱颖而出，站上世界冠军的领奖台，站在制造业高水准技能队伍的前列。

工人日报评论员：吴迪

"00后"闪亮世界技能之巅
——2022年世界技能大赛特别赛冠军掠影

2022年10月31日

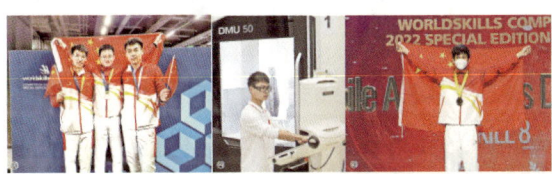

媒体眼中的
2022 年世界技能大赛
特别赛

精细木工项目冠军邵茹鹏（左）、家具制作项目冠军李德鑫（中）、木工项目优胜奖获得者王纵横（右）

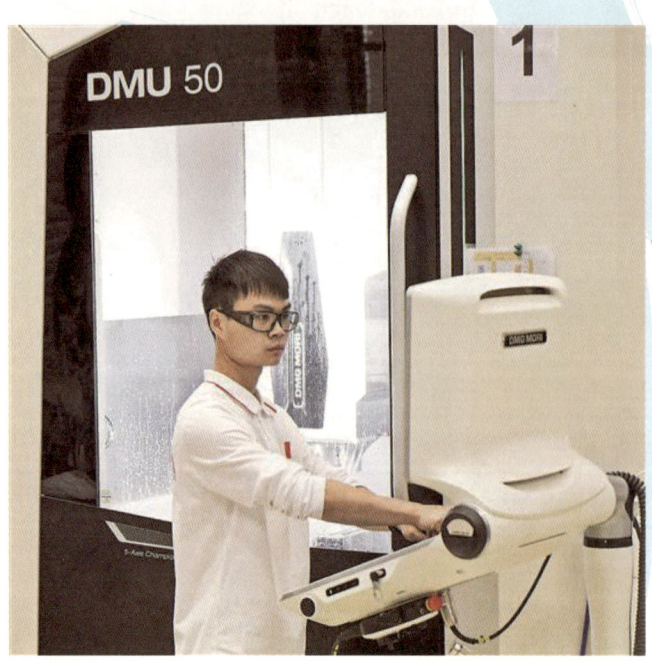

数控铣项目冠军周楚杰在比赛中

移动应用开发项目冠军杨书明

最近一段时间，一群 00 后"刷屏"了

这群凭借高超技能攀上世界技能之巅的年轻人，成为聚光灯追逐的焦点，被世界"看见"。

9月中旬至11月下旬，2022年世界技能大赛特别赛作为2022年上海第46届世界技能大赛替代活动，在15个国家分散举办，共设62个比赛项目。我国派出36名参赛选手赴瑞士、德国、法国、芬兰、韩国、日本、奥地利等7个国家，参加34个项目的比赛。

世界技能大赛被称作"世界技能奥林匹克"，是全球规模最大、影响力最广的职业技能竞赛，其竞技水平代表了各领域职业技能发展的世界先进水平。

这群平均年龄22岁的技能小匠表现出色，在已经完赛的27个项目上，共斩获15金3银3铜和5个优胜奖。

邵茹鹏、李德鑫、顾俊杰、吴鸿宇、周楚杰、杨书明、罗凯、陈新源、李小松、

媒体眼中的
2022年世界技能大赛
特别赛

陈智勇、侯坤鹏、唐高远、马宏达、刘泽龙、王珮、董青……这些闪亮的名字，闪耀于世界技能之巅。他们的冠军之路，也让人们看到了技能青年向上的力量。

"小木匠"出彩"大时代"

10月15日，瑞士巴塞尔，历时4天，近22个小时，来自江西环境工程职业学院的李德鑫终于站上世界冠军领奖台。

李德鑫在家具制作项目中夺得的金牌，也是我国自参加世界技能大赛以来，在家具制作项目获得的首金。

为了这一刻的荣光，李德鑫付出了近4年的努力。

2018年年底，李德鑫开始接触世界技能大赛。2019年，他入选校队开始进行系统备赛，此后经历省赛、行业赛、国赛、国家队10进5淘汰赛，"突出重围"的李德鑫得以代表国家出征。

备赛期间，他几乎每天8时就开始训练，除了吃饭和午休时间，一直到21时才结束训练。在特定的冲刺期，他还会加练。"家具制作需要保持手感，形成肌肉记忆，一天不练就会感到生疏。"李德鑫在电话里对记者说。

跟机器、刀具打交道，起水泡、擦伤、割伤在所难免。高强度的训练让李德鑫的左手磨出了两排茧子，右手磨出了三排茧子。

此次家具制作比赛，要求所有选手各自制作一个同一样式的立式柜，主要模块包括柜体、腿架、门板、抽屉、贴皮等，选手还要完成打磨修整、五金安装等操作，尺寸公差均不能超过0.5毫米。比赛时，选手可以利用机械辅助加工，但抽屉的燕尾榫必须纯手工制作。选手要靠"手上功夫"让榫卯配合丝滑，没有阻尼感。

虽然经历了艰苦的训练，真正站上世界赛场，李德鑫还是感到紧张，手不自觉地发抖，"第一天状态并不好，进度明显落后了"。好在经过调整，第2天，李德鑫就渐入佳境，到了第3天，他感觉自己已经在享受比赛了。

最终,李德鑫后来居上,在约140个评分点的综合评选中,以超高精度获得冠军。

"敢于天马行空地想,更要脚踏实地地做。"李德鑫说,"很庆幸,自己赶上了技能人才的'黄金时代'。"

李德鑫的家乡在江西省赣州市南康区,这里素有"中国家具之乡"之称,他的身边有不少亲友从事家具行业。

曾经,他的梦想就是学好技术,在家门口找到一份好工作。如今,这位"小木匠"有了更大的梦想,他打算留校任教,同时也继续读书深造,为世界第一家具制造大国培养更多"大国小匠"。

人物点评:"小木匠"李德鑫的走红,正如他在采访中抛出的金句——"赶上了技能人才的'黄金时代'"。侃侃而谈的李德鑫,代表着新一代青年工匠的新形象——青春洋溢,性格阳光。他的荣耀和成长,也见证着技能人才社会地位的不断提升。成功不止一种模板,练好一技之长,同样能走上人生巅峰。

成长的"代码"永不言弃

当地时间10月17日,韩国京畿道高阳市,杨书明身披国旗激动地与其他获奖选手拥抱,站上冠军领奖台的那一刻,他心潮澎湃,"7年的努力,终于圆梦"。

移动应用开发项目是世界技能大赛的新增项目,杨书明也成为这一新增赛项的首个金牌获得者。

2015年初中毕业后,杨书明入读广州市工贸技师学院,出于对打游戏的兴趣,他选择了与电脑相关的网站开发与维护专业,随后进入竞赛班学习。

2016年起,他开始征战第44届和第45届世界技能大赛的网站设计与开发项目,不过两次都遗憾止步,未能代表国家参赛。

即使经历了失败的"至暗时刻",他也没有想过放弃。"世赛冠军身披国旗登上领奖台的画面对我一直是一种鼓励。"杨书明对记者说。

**媒体眼中的
2022 年世界技能大赛
特别赛**

不惧山重水复，终将柳暗花明。

在与第 45 届世赛同期同地举办的 2019 喀山未来技能大赛移动应用开发项目比赛中，杨书明摘得银牌，这让他有了新目标。

此后，杨书明转换赛道，专心备赛移动应用开发项目，并在 2020 年获得第一届全国技能大赛移动应用开发项目冠军，最终代表国家出战。

移动应用开发项目共有 4 个模块，难点在于选手要在有限资料和较短时间内完成 App 的相关功能开发。"本次参赛任务是以世界技能大赛为主题，制作展示性 App，引导用户更深入地了解世赛。"虽然，杨书明第一天的题目并没有全部完成，但是他扛住压力，在后续比赛中稳定发挥，技高一筹。

回顾漫长的夺冠之旅，杨书明庆幸，自己一直刻苦训练，没有轻言放弃。

这也是一段他用汗水和努力敲下的成长"代码"。备赛期间，他每周训练 6 天，每天 12 个小时，8 点准时出现在训练场地。"不要把结果看得太重，要更注重从训练和竞赛中学到东西。"杨书明总是这样对自己说。

成为新晋冠军后，杨书明的电话一直很"热"，他接受了 10 多家媒体的采访。有 3 个问题几乎每次必问：如何备赛？站在领奖台上有什么感受？对于未来如何规划？这些问题也代表着人们对于技能世界冠军的好奇，想了解他的过去、现在和未来。

杨书明告诉记者，备赛过程中发现理论基础还需要提升，希望有机会继续深造。

人物点评：七年磨一剑，杨书明的成长故事在技能成才路上颇具典型性，技能水平的提升没有捷径，只有靠时光的打磨和经验的积累。杨书明的拼搏，也代表着新一代技能小匠的坚韧与顽强——不断挑战自我，仿佛内心有座誓要征服的"珠峰"。他的故事也将激励更多青年人在技能路上永不言弃，一往无前。

把零件做得漂漂亮亮

站上冠军领奖台的那一刻，来自广东省机械技师学院的周楚杰放声呐喊。几年

间备赛的压力和辛苦，都在这一瞬间得到释放。

10月10日—10月15日，2022年世界技能大赛特别赛数控铣项目比赛在德国巴符州莱昂贝格举行，吸引了来自20余个国家和地区的选手参赛。在6天的比赛时间里，周楚杰稳定发挥，顺利完成赛程，最终斩获金牌，助力我国在这一优势项目上成功实现"四连冠"。

据了解，数控铣项目考察的是选手对零件的工艺安排和尺寸精度的控制。需要通过电脑软件编程加工刀路，再操作数控机床，利用数控铣刀切削铝合金和45号钢，同时要根据图纸要求控制工件尺寸精度，公差不能超过0.02毫米。

这是一场速度、精度和脑力的较量，赛场上给出的全新图纸，十分考验选手的临场发挥水平。顶尖高手过招，差距就在毫厘之间，需要精准把握材料切削量和测量尺寸，同时也要对工艺进行精准编程。

"把零件做得漂漂亮亮，很有成就感。"10月25日，周楚杰在电话里告诉记者，数控铣项目入门有难度，想要实现突破更是难上加难，只能靠量的积累，才能换来质的突破。

为了这"台上一分钟"，周楚杰从2016年暑假就开始进入数控铣项目竞赛小组，自此开始了与数控设备为伴的日与夜。

每天8时到22时，除去午休和吃饭时间，周楚杰都会一直开启训练模式。有时，完成一个模块需要5个小时，中间不能间断，他常常会错过饭时。

这一项目对体力、脑力的消耗很大，集训期间，周楚杰还坚持进行体能训练和心理训练，以保持稳定的心态。

此次世界技能大赛特别赛将比赛时间从17个小时压缩到了15个小时，时间十分紧张，但凭借此前扎实的基本功训练，周楚杰提前10分钟就完成了比赛。

"希望自己的夺冠能够让更多人了解数控行业，带动更多年轻人学习这门技术，从而提升行业的技能水平。"谈及未来，周楚杰告诉记者，他打算投身技能教育，用自己的成长故事鼓励更多年轻人走上技能成才之路。

人物点评：周楚杰所操作的五轴数控加工铣床，与我国制造业的生产密切相关，和生产环境贴得很近。期待更多像周楚杰这样的新工匠，能够走进制造企业，走进车间，用世赛标准引领行业标准、企业标准，在我国制造业的转型升级中贡献力量。

记者：王维砚

【现场·我在我思】"解锁"朋友圈里世界技能大赛冠军的青春密码

2022年11月09日

最近,有一群"00后"刷屏社交网络,火出了圈。这群平均年龄22岁的技能工匠,在2022年世界技能大赛特别赛已经完赛的27个项目上,斩获了15金3银3铜和5个优胜奖。

我采访了这些新晋技能世界冠军中的大多数人,也成了他们的微信好友。中国年轻的技能工匠闪耀世界技能舞台,其背后有什么秘诀和故事?好奇心驱使,我翻看了他们的微信朋友圈。

在这里,我仿佛打开了一个关于技能的热血世界,成功"解锁"了新时代技能青年的新面貌。这是一个个充满力量的成长故事和逆袭故事，这群"技动天下"的年轻人为梦想而战永不言弃、苦练技能全力以赴。划过一段段视频、一张张照片，很难不被这些性格饱满、阳光自信、热爱生活的"有趣灵魂"圈粉。

学习技能之路注定是一条漫长的马拉松，无论形成手感、力道的肌肉记忆，还是练成精度、速度的竞技状态，都需要时间的累积和沉淀。在不少年轻人渴望快速成功、走捷径的当下，技能青年选择的似乎是一条更漫长的路——10月9日，到达韩国仁川的杨书明发了一条朋友圈并配文"翻过这座山"，10月17日，他终于翻过了"那座山"，站上移动应用开发项目冠军领奖台，此时，他已经在技能赛道上奔跑了整整7年；数控车项目冠军吴鸿宇备赛的时间也长达4年，这场突出重围的旅程在他的朋友圈里亦有迹可循，他把这个过程形容为"梦想开花"；家具制作项目冠军李德鑫在备赛期间，几乎每天早上8点就开始训练，除了吃饭和午休，直到晚上9点才结束训练，冲刺阶段还会加练——在他的朋友圈里，精致的木工作品展现着器物之美……

这群在技能路上勇敢追梦的年轻人，绝大多数都并非天赋型选手，不过，他们的内心都有着一份对于技能成才的笃定，并因为这份热爱、笃定而勇往直前。他们在改变自己人生轨迹的同时，也改变着人们对于技能和技能人才的刻板印象。

最近一直是媒体焦点的抹灰与隔墙系统项目冠军马宏达，在朋友圈里转发了很多媒体报道。通过这些报道，这位"刮腻子"刮成世界冠军的"00后"让更多人意识到，"刮腻子"并非没有技术含量，选手需要经过精确计算、熟练操作和艺术创意，完成4个阶段5个模块的比赛，且精度误差不能超过1毫米。

这些技能工匠的走红，与国家坚持加强新时代高技能人才队伍建设的政策密不可分，他们的荣耀和成长也见证着技能人才社会地位的不断提升，他们的故事生动诠释了成功不止一种方式，练好一技之长同样能走上人生巅峰。

当然，技能世界冠军的朋友圈里也有不少"彩蛋"。有人会晒一下自己的美照，

有人会秀一下唱功,也有人会猝不及防地撒一把"狗粮"……除了刻苦、专业,这些技能青年还有很多不同的侧面,他们在这个属于技能人才的黄金时代里,恣肆绽放着青春光彩。

鲜花掌声、荣誉奖励,是勤学苦练带给这些技能青年的奖赏。他们也是我国诸多年轻人顽强拼搏、奋发有为的一个缩影——不断挑战自我,永不言弃、一往无前。当聚光灯照向这些技能世界冠军的同时,我们期待这束光能吸引更多年轻人加入技能人才的朋友圈,用一技之长在自己的人生路上"夺冠"。

记者:王维砚

媒体眼中的
2022年世界技能大赛
特别赛

当农村青年登上世赛技能之巅

2022年12月23日

【阅读提示】在参加历届世界技能大赛的参赛选手中有不少人来自农村。他们苦练技能成为冠军后，开启了人生的"倍速"模式。他们的逆袭故事，也让更多农村青年看到，练好一技之长同样能走上人生巅峰。

拧螺丝"拧"出世界冠军、刮腻子"刮"成世界冠军……最近这些热搜上的词条，让人们的目光再次聚焦这群闪耀世界技能舞台的年轻人。

在刚刚结束的2022年世界技能大赛特别赛上，我国代表团共获得21枚金牌、3枚银牌、4枚铜牌和5个优胜奖，位列金牌榜第一。

世界技能大赛（以下简称"世赛"）被称作"世界技能奥林匹克"。在此之前，我国已先后派出179名选手参加了5届世赛，累计获得36枚金牌、29枚银牌、20枚铜牌和58个优胜奖。

在这些攀上世赛技能之巅的技能小匠中，有不少人都来自农村。用一技之长实现人生梦想，在技能赛场的出色表现，让他们的成长开启了"倍速"模式，收获了远超大多数同龄人的奖励、荣誉和关注。他们的逆袭故事，也让更多农村青年看到，

练好一技之长同样能走上人生巅峰。

在生产一线成为顶尖工匠

从 2015 年 19 岁的曾正超在第 43 届世赛摘得我国在焊接项目上的首金开始，中国选手在焊接项目上实现了"三连冠"。

"很多孩子吃不了练焊接的苦，农村娃有韧性、能吃苦。"3 位冠军都是攀枝花技师学院教师、世界技能大赛焊接项目中国集训队教练组组长周树春带出的徒弟。

曾正超来自四川攀枝花米易县贫困家庭，第 44 届、45 届世赛焊接项目冠军宁显海、赵脯菠来自四川凉山州的偏远山村。备战世赛期间，他们每天都要高强度训练十几个小时，手臂上"爬"满被焊花烫伤的疤痕。

世赛夺冠归来，"想在生产一线发挥更大作用"的曾正超和宁显海，先后成为中冶集团十九冶的一线焊接工人。他们跟着项目跑，把在世赛赛场上练就的"大心脏"和高超技艺带到了项目一线，在一次次攻坚克难中，把一道道漂亮的焊缝"缝"在了世界各地。

几年来，曾正超常年扎根在国内外的工程项目一线，"哪里需要就奔赴哪里"成了他的工作常态。如今，他已是中冶集团中国十九冶重庆分公司工程技术部副部长。

宁显海也在一身泥土一身汗的历练中，攒足了项目经验。2018 年 12 月，他前往印度尼西亚德信高炉项目所在的莫罗瓦利青山工业园区，接受急难险重焊接任务的挑战；2020 年 7 月，福建罗源项目现场焊接遇到技术难题，他立刻冲进项目施工一线……

在周树春看来，生产一线遇到的焊接难题更为复杂，沉在生产一线"解题"，有利于这些技能小匠们成长为行业、企业需要的顶尖工匠。

今年 6 月，曾正超和宁显海一起获评中国五矿集团首批特级技师，在"新八级工"

职业技能等级的成长阶梯上又向上了一步。

走上讲台成为工匠之师

今年是第43届世赛汽车喷漆项目冠军杨金龙走上讲台的第7年。其间，他为行业培训出了300余名技师、1000余名高级工，还成立了杨金龙技能大师工作室。

选择成为工匠之师的世赛获奖选手不在少数。据世界技能大赛中国（广州）研究中心此前发布的《世界技能大赛参赛选手职业发展情况调查研究》（以下简称《研究》）显示，参赛选手获奖后留校或在工作单位任教的比例高达73%。

1994年，杨金龙出生在云南保山的一个小山村。2009年，他选择读技校时，村里不少人替他惋惜，"学技能没有上大学有前途。"2015年，他在巴西圣保罗世赛赛场夺冠的消息传来，村民们都感到惊讶，"学技能还能当世界冠军"。

站上世界技能之巅后，杨金龙拒绝了多家企业的高薪聘请，回到母校杭州技师学院任教，"想把技能和参赛经验传授给更多学生，提高整个行业的技术水准"。

2017年，杨金龙指导同门师弟蒋应成获得了第44届世赛汽车喷漆项目金牌，实现了我国在这一项目上的蝉联。

和师哥杨金龙一样来自云南保山农村的蒋应成，夺冠后也选择留在母校执教。

2018年，蒋应成重回了一趟读初中的学校，看着教室里的山村孩子，他仿佛看到当年的自己。那次，他向母校捐赠了5万元，用于资助困难学生，还在当地成立大师工作室，帮助青少年学习技能。

"现在，越来越多的学生和家长认识到，学好一技之长同样有未来。"在任教的几年间，杨金龙和蒋应成有着共同的感觉，国家对技能人才的重视和"技能冠军效应"，正在改变人们对学技能、当技工的刻板印象。

杨金龙和蒋应成先后成为浙江省特级技师，他们的证书编号分别是"0001"和"0002"。在杭州技师学院，杭州市D类及以上的高层次人才有37位，还有20余

位省级、国家级技术能手，其中不少人都和杨金龙、蒋应成一样，来自农村。

在社会舞台上成为技能明星

在曾正超、杨金龙夺冠的 2015 年，人力资源社会保障部相关负责人表示，"要像对待奥运冠军一样对待他们，作为技能英雄，对于这些人怎样奖励也不过分。"

当年，人力资源社会保障部对金牌选手奖励 20 万元，加上四川省、攀枝花市、中冶集团和十九冶的奖励，曾正超共获得了 90 万元奖金，他用这笔奖金在攀枝花买了房和车。到了第 45 届世赛，人力资源社会保障部给予金牌选手的奖励已经上升到了 30 万元，有的城市还为世界技能冠军配套了高达百万元的住房补贴。

除了被"重奖"，世赛获奖选手们还站上了更广阔的社会舞台，在更多的"大场面"上，他们都是自带话题和流量的"明星"。

2018 年，杨金龙当选为全国人大代表。与他一起当选的，还有第 43 届世赛砌筑项目优胜奖获得者邹彬。此后的全国两会上，他们每年都会为农民工和技术工人群体"带"言。

2021 年，在庆祝中国共产党成立 100 周年活动的中外记者见面会上，赵脯菠作为新发展党员代表接受媒体访问，身穿工装的他坐在台上望着媒体的"长枪短炮"，紧张之余倍感荣光，"技能人才的声音如此受关注！"

…………

《研究》也显示，赛场归来，选手们获得了较多的职业发展机会，技能等级晋升占 29.8%、推荐就业占 20.1%、推优评先占 17.4%、收入增加占 13%、职称晋升占 10.6%。

"一定程度说明了世赛为中国农村青年搭建了技能成才的平台，因为参加世赛，部分农村青年的命运因此而改变。"《研究》中如是写道。

在今年的世赛上，来自"家具之乡"江西省赣州市南康区的李德鑫夺得家具制

媒体眼中的
2022年世界技能大赛
特别赛

作项目的金牌。原本只是打算学门技术、在家门口找份工作的他，已经有了更大的梦想，在他的面前，一条技能"星"途闪闪发亮。

记者：王维砚

《中国青年报》

媒体眼中的
2022 年世界技能大赛
特别赛

世界技能大赛金牌得主马宏达：
冠军并非"刮腻子"那么简单

2022 年 11 月 07 日

2022 年世界技能大赛特别赛法国站中国参赛选手合影

"闭幕式上，当主持人喊出我的名字和China（中国）的时候，我像个'窜天猴儿'一样，兴奋地从座位上蹦了起来，一路冲上最高领奖台，高举五星红旗，抒发自己心中的激动之情。"法国当地时间10月23日下午，2022年世界技能大赛（以下简称"世赛"）特别赛法国赛区举行闭幕式，当主持人宣布中国选手马宏达获得抹灰与隔墙系统项目金牌时，马宏达和现场所有的中国队队员都欢呼起来，这枚金牌实现了中国队在该项目上金牌"零的突破"。

消息传到国内，"浙江00后小伙'刮腻子'刮成世界冠军"一时间冲上热搜。马宏达告诉中青报·中青网记者，其实，抹灰与隔墙系统项目不仅仅是"刮腻子"那么简单，而是指用涂料、装饰材料等对房屋建筑进行修建、修缮和整修，考验选手的金属框架建造和石膏板安装技术，以及隔音、隔热、防火、抹灰、装饰线条制作与安装和艺术创意等技术的运用。

"领奖那一刻，我把五星红旗披在身上，我向世界证明了'中国技术'，展现了'中国青年'的风采，我特别自豪！那一刻我会永记于心！"马宏达说。

成功突围　加入团队叩开通往世赛的大门

出生于2000年的马宏达是浙江温州人，现就读于浙江建设技师学院。

2017年中考时，工匠出身的父亲建议成绩不理想的他学一门技术，走上社会还能"有口饭吃"。

"比起理论学习，我更爱动手，也爱干手工活，所以我欣然接受，选择了读技师学院。"马宏达说。

因为从小对美术有兴趣，且有点功底，2017年，老师推荐马宏达参加学院的世赛梯队选拔。当时负责选拔的老师说过一句话让马宏达印象深刻："如果要来参加选拔就要做好吃苦的准备，这不是一条随随便便能成功的捷径。"

技工院校最不缺的就是愿意"动手"的学生。"招募令"一经发布，200多名同学踊跃报名。因为名额有限,迎接他们的是一层层严格的考核选拔。

"既然选择了这条路,那就好好干。"马宏达不断地鼓励自己。他白天认真听课,抓住一切机会向身边的老师请教;晚上一头扎进实训室,一遍一遍地训练,提升技艺。

准备选拔的过程是艰苦的:每天与水泥、石膏板、砖块、瓷砖为伴,半天下来训练服上就沾满了腻子粉和粉尘。很多同学吃不了这个苦,但是自律、执着的马宏达坚持了下来,成功进入学院的世赛团队,并确立了抹灰与隔墙系统项目方向。

2019年3月,在国内举行的俄罗斯喀山第45届世界技能大赛的选拔赛上,马宏达虽然进行了充分准备并顺利完成比赛,但是在实力更胜自己一筹的高宇宙面前遗憾落败。

重拾梦想　全方位提升自己再踏征程

"你还年轻,还有机会,以后的路还很长""加油,你一定能成功"……身边的教练、队友都在鼓励他。

2021年9月,上海第46届世界技能大赛抹灰与隔墙系统项目国家集训正式拉开帷幕。这一刻,马宏达期待了太久。

他全身心地投入训练,不仅向书本学、向教练学,还不断向身边的选手学。

马宏达最重要的特质之一,就是善于学习。在训练赛中他总能比其他人更早完成,然后,他就利用自己1米8的身高优势,仔细观察旁边选手的操作工法和工具摆放习惯,取长补短,进一步完善自己的操作流程。

作为一项全球性赛事,世界技能大赛的技术文件都是用英文表述的,这也对选手的英语水平提出了要求。

"虽然每个项目都配有翻译,但是比赛过程中不可能全部依靠翻译,如果自己能看懂,那肯定事半功倍。"马宏达说。

每天的训练结束后,项目翻译会整理、录制8至10句英语短句,供选手们学习、

背诵、应用。虽然英语基础比较薄弱，加之高强度的训练，但是马宏达跟着翻译认真学习，仔细做好笔记。此外，马宏达还会自学一些基础性交流语句，丰富自己的词汇量。渐渐地，他的英语听读水平得到了很大的提升。

在比赛的过程中，除了技术，最重要的是心态

今年 6 月，上海第 46 届世界技能大赛因新冠肺炎疫情的原因被取消。得知消息的那天，马宏达失声痛哭："不是因为累，而是因为不甘。"

10 月中旬，马宏达终于如愿地坐上了前往法国波尔多的航班，参加 2022 世界技能大赛特别赛。

赛场上，马宏达没有想到会遇到"神秘材料"——一种 6 毫米的石膏板。这种规格的材料采用了欧洲标准，在国内没有，也采购不到。

在比赛中，马宏达一开始用常规的方式固定石膏板，没想到出现了"石膏板面层断裂""螺丝钉孔洞贯穿无法固定"等问题，导致石膏板无法契合放样线，而且不美观。

马宏达当机立断，切换工序，调整工艺，重新制作了该墙面。虽然浪费了一些时间，在这个环节他暂时名列第三。不过，这并没有影响他的心态。

2022 世赛特别赛法国站抹灰与隔墙系统项目中国专家组组长兼教练组组长张守生说："教练团队吸取前几届的世赛经验，在平日的训练里设计了很多高难度的赛题。尽管在比赛中出现的这种材料马宏达没有用过，但是像这样的曲面墙体，他早就已经掌握做法。"

"在比赛的过程中，除了技术，最重要的是心态！专家、翻译、教练一直站在旁边为我加油，通过眼神传递着信心。"谈到自己能获得金牌，马宏达说："我父亲是个做门窗的'老工匠'，他早就认可了'技能成才、技能报国'这条道路，而且他也相信爱动手的我，能在这条康庄大道上走远、走好。"

记者：李桂杰

媒体眼中的
2022年世界技能大赛
特别赛

恭喜"刮腻子"冠军让各行业人才都赢得喝彩

2022年10月28日

"以前没想过,'刮腻子'还能走上世界舞台。"据媒体报道,法国当地时间10月23日,2022年世界技能大赛特别赛法国赛区结束,中国代表团斩获2金2铜。其中,浙江选手马宏达获得抹灰和隔墙项目金牌,实现中国队在该项目上金牌"零的突破"。

世界技能大赛被称作"世界技能奥林匹克",是全球规模最大、影响力最广的职业技能竞赛,其竞技水平代表了各领域职业技能发展的世界先进水平。在很多人看来,再普通不过的"刮腻子"居然也能登上世界舞台,着实意外。长期以来,世俗眼光是对职业技能价值存在偏见的一个现实注脚。而"刮腻子刮成世界冠军"对于改变这种"陈旧"看法,无疑是一种有力的触动。

实际上,这次技能大赛上,中国代表团在已经完赛的27个项目上,已斩获15金3银3铜和5个优胜奖。在精细木工、家具制作、电子技术、美容等多个领域,中国队员都拿到了冠军,并且,这些夺冠者都是"00后",大多来自普通的职业技术学院。在某种程度上说,他们在比赛上的成功,证明了自身能力的同时,也是在

为职业教育的前景正名。

长期以来，说到职业教育，很多人都会在潜意识里把它当成"低人一等"的选择。但实际上，术业有专攻，只要认真钻研，秉持工匠精神，"三百六十行，行行出状元"并没有过时。并且，随着社会产业的发展，社会对于高技能人才的需求将愈发突出。截至2021年年底，中国技能劳动者超过2亿人，高技能人才超过6000万人，技能劳动者占就业人员总量的比例超过26%；2020年全国劳模表彰企业职工和其他劳动者占比47.8%，其中一线工人和企业技术人员占比超过70%。同时，过去十年，在现代制造业、战略性新兴产业和现代服务业等领域，一线新增从业人员70%以上都来自职业院校毕业生。这些数据都表明，只要肯努力付出，职校生同样也有春天。

当然，社会存在的对职业教育的种种偏见和担忧也不能说毫无理由。比如，一些职业学校在生源保障、师资力量、办学水平等方面，以及政府在职业教育上的投入程度，都的确还有提升的空间，甚至不乏个别职校仍习惯性把学生当廉价劳动力，这些现实情况无疑直接影响到社会对于职业教育的认可度。事实上，近年来也不断有人大代表呼吁，要加大经费投入，确保职业教育高质量发展。此外，职校生在就业、上升通道等方面遭遇的现实难题，也同样影响到社会对于职业教育的态度。

毫无疑问，无论是基于国外的经验，还是我们自身的发展实际，一个国家的产业变革和升级，都离不开一大批高素质技能人才的支撑。从这次世界技能大赛上中国代表团的表现来看，我们在职业技术人才的培养上，正在结出越来越多的硕果。这也可以说是对于过去一段时间，职业教育发展成绩的一种肯定。

发展职业教育的根本目的，是要让更多的各行各业的人才都能够脱颖而出，通过"各尽其才"获得有尊严的生活，职业技术人员的薪酬、工作环境、发展前景、社会地位等多方面，都需要获得更大的改善。在这个角度上看，我们要为技能大赛上的获奖者喝彩，更要把这种成绩转化为加快提升职业教育整体办学质量的信心与动力，去赢得社会对于职业教育和职业技能更多的认可与尊重。

《中国日报（China Daily）》

媒体眼中的
2022 年世界技能大赛
特别赛

Nation bags medals at skills contest

2022-11-29

Chongqing student Wang Pei won the beauty therapy championship at the WorldSkills Competition 2022 Special Edition — China's first WSC title in the category. [Photo provided to chinadaily.com.cn]

The Chinese delegation made a breakthrough at the WorldSkills Competition 2022 Special Edition that came to a close in Austria on Sunday, winning 21 golds and three silvers and topping the gold medal tally.

Eight Chinese competitors won six golds and a silver in seven events, including defending the WorldSkills crown for bricklaying.

Zhu Ke, from Shanghai Polytechnic University, Jiang Xinhua from Ningbo Technician College and Jiang Yuhe from Henan Chemical Technician College won the nation's first gold medals in freight forwarding, heavy vehicle technology and chemical laboratory technology, since China started entering delegations in World-Skills competitions in 2011.

In the heavy vehicle technology event, competitors are required to complete six tasks,

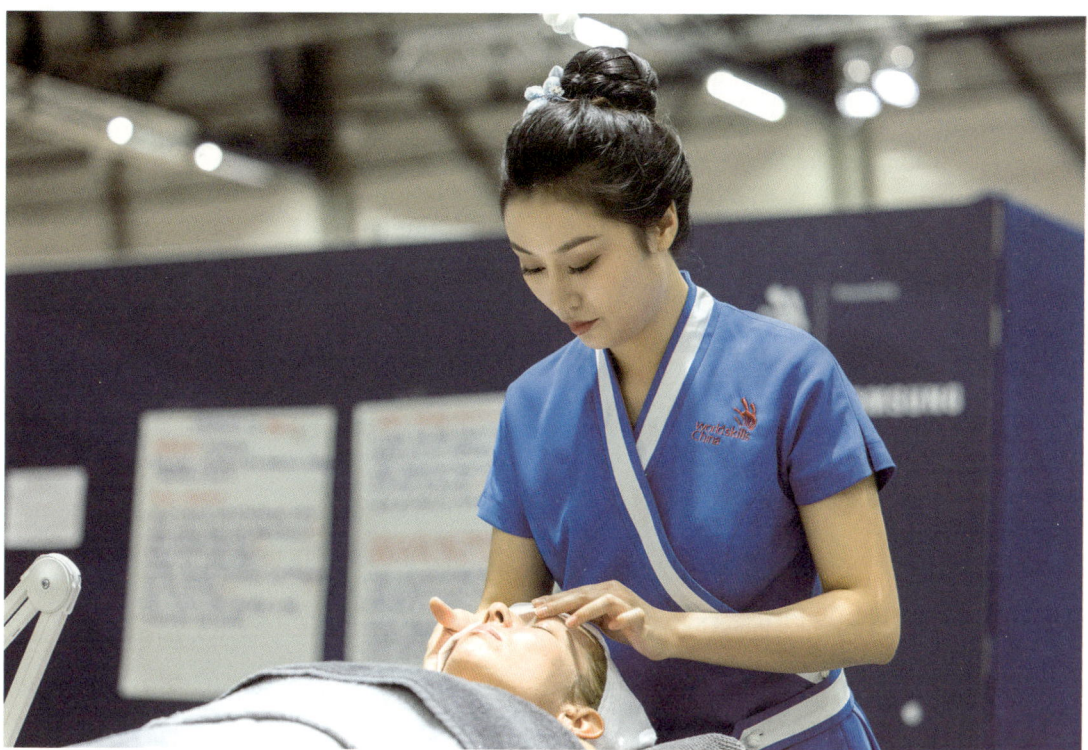

including diagnosing and debugging vehicle issues and carrying out final checkups before vehicle delivery. The competitors must finish each of the six tasks in three hours.

The three-month WorldSkills special edition was a replacement for the canceled WorldSkills Shanghai 2022, and hosted 62 events in 15 countries and regions from September to November including Switzerland, Japan and Austria.

According to the Ministry of Human Resources and Social Security, 62 percent of the competitors in the Chinese delegation won gold medals and 97 percent won prizes in the competition, demonstrating the nation's growing dominance on the WorldSkills stage.

Wu Hongyu, a gold winner in metal turning, said that he's never regretted choosing vocational education, after putting in his impressive performance against world-class competition.

"I was fond of dismantling and assembling toys in my teenage years, and I was a bit poor academically then," Wu said. "I was confused about my future but my parents said that I could go to a vocational school. So far, I've reached all the targets that I set for myself, and so it keeps driving me forward."

Ye Junfeng, dean of Guangdong Machinery Technician College, said that the good results from the Chinese competitors show that the nation has an improved skills base and a thriving manufacturing industry.

He added the WorldSkills competition brings Chinese people confidence and showcases the impressive skills of the nation's workers on the world stage.

"We've changed the stereotypical view that China only produces low-quality products due to a lack of skilled workers. Through the competition, we can better learn about the connection between skills and our lives, and also how to gain a better life through better skills," he said.

China first sent a delegation to the WorldSkills competition in 2011, when the 41st WorldSkills was held in London, and won the nation's first gold medal in 2015 in Brazil. China won the right to host the 48th WorldSkills Competition in Shanghai in 2026 after canceling the competition this year due to COVID-19.

By Cheng Si

《科技日报》

媒体眼中的
2022 年世界技能大赛
特别赛

世界技能奥林匹克赛场上何以刮起中国风

2022 年 11 月 18 日

2022年世界技能大赛特别赛韩国赛区比赛中,中国选手收获3金1铜。图为中国代表团在闭幕式结束后合影(新华社记者 王益亮 摄)

重庆电子工程职业学院李小松夺得2022年世界技能大赛特别赛光电技术项目金牌(受访者供图)

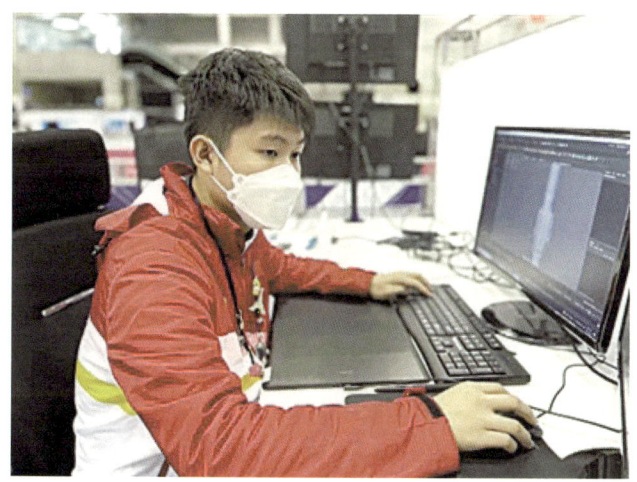

深圳技师学院罗凯在韩国赛区参赛(受访者供图)

媒体眼中的
2022年世界技能大赛
特别赛

中国选手李德鑫在瑞典赛区参赛（新华社发）

上海农林职业技术学院杨灵芝在芬兰赛区比赛（新华社发　卡勒·帕尔基宁　摄）

中国代表团在各个赛区都有良好表现，从一个侧面反映了我国的技能人才队伍水平，反映了我国技工教育的水平，体现了我们支撑实体经济强大的技能人才实力。

披上国旗，冲上奖台，接过金牌……在万众瞩目下，鲜花掌声中，今年10月到11月，一群年轻人，正在7个国家的不同赛区，为中国争得荣誉。

在世界技能大赛特别赛的舞台上，中国代表团在已完赛的27个项目上，斩获15金3银3铜和5个优胜奖。

11月下旬，新一轮比赛将在奥地利拉开帷幕。

比赛进行时，恰逢党的二十大召开。习近平总书记在参加广西代表团讨论时，详细询问身着车间工服的党代表郑志明，并语重心长地说："不能瞧不起产业工人，

一定要看实际贡献！真正在添砖加瓦建设中国特色社会主义现代化强国大厦的人，他们都是值得我们尊敬的。"

"中国代表团在各个赛区都有良好表现，从一个侧面反映了我国的技能人才队伍水平，反映了我国技工教育的水平，体现了我们支撑实体经济强大的技能人才实力。"世界技能大赛中国组委会相关负责人这样告诉科技日报记者。

最高层级职业技能赛事：真刀真枪解决真实问题

世界技能大赛（以下简称世赛）已有70余年历史。1950年，第二次世界大战后，在技能人才短缺的困境和欧洲各国对技能人才的渴求中，世界技能大赛应运而生。该大赛由世界技能组织发起举办。该组织的宗旨，是在世界范围内促进技能的发展。截至目前，世界技能组织已有85个国家和地区成员。

世赛是最高层级的世界性职业技能赛事，代表了职业技能发展的世界先进水平，被誉为"世界技能奥林匹克"，它也是世界技能组织成员展示和交流职业技能的重要平台。

和大家熟悉的竞技体育一样，世赛的赛场比拼同样激烈。每个项目每个组织成员只能派出一人（队）参赛，对参赛者只有年龄限制——小于22岁。选手必须兼具强大的心理素质和过硬的技能水平，才能在风云变幻的赛场上拔得头筹。

"世赛紧跟产业、行业发展。市场或行业需要什么职业，它就办什么项目，所有竞赛项目都是真实存在的职业和工种。"世界技能大赛中国（天津）研究中心副教授陈晓曦说。

世赛如今共设运输与物流、结构与建筑艺术、制造与工程技术、信息与通信技术、创意艺术与时尚、社会及个人服务等六大领域共63个竞赛项目。考题不追求"偏、难、怪"，而在于"真"。它考察的不是单一动手能力，而是强调真实工作的复合性、创新性和系统性。

媒体眼中的2022年世界技能大赛特别赛

罗凯来自深圳技师学院,他在本届世赛上夺得金牌的项目是3D数字游戏艺术。这是个注重审美和创意的项目,要求动脑和动手并重。选手要有奇思妙想,还要有能快速实现创意的软件操作能力。

通常情况下,考题涉及概念设计、原画、贴图、建模、动画制作、场景渲染等模块,也就是说,选手需在规定时间内完成和3D游戏设计相关的全流程工作。

但此次世赛考题难度加码。项目模块由之前较为固定的4个增加为8个,还出现了罗凯此前从未接触过的新题型:比赛给了一段教程,要求选手用教程中的方法在游戏引擎里通过蓝图技术,制作一段开门动画——这考查的是选手快速学习、消化吸收和再创新的能力。

深圳技师学院校长邓元龙表示,世赛的一大特点,就是不来虚的。比赛项目从最新的企业生产和服务实践中归纳梳理而来,比赛的题目和评价标准能够充分体现该职业所需要的最新的职业能力。

陈晓曦也看到了一个明显的趋势性变化:近年来,比赛增加了工业4.0、光电技术、移动应用开发等新项目。在世赛赛场,能清晰感受到工业现代化和制造业现代化涌动的浪潮。

来自广州市工贸技师学院的杨书明就是在移动应用开发这一新增项目上夺魁的选手。他笑称自己是家中"祖上十八代以来第一个程序员"。

移动应用开发项目,要求选手在规定时间内制作一个App。此次比赛任务,是以世赛为主题,制作相关的展示性App,引导用户更加深入地了解该赛事。

和一般的应用开发过程不同,比赛时选手能使用的工具是给定的,比赛工位也完全不能联网,若遇到问题,只能通过所有选手共享的信息查询区进行有限次数的查询。

去掉一切外部辅助,选手必须在有限时间内,开发出一款能用、好用的移动App。

杨书明的教练、国家级技能大师工作室领办人陈立准告诉记者，这十分考验选手的编程思维和对指定工具的熟练程度。选手要对每一个类型的技能点进行模拟，对每一个功能点逐一攻关突破，熟练掌握技能点的实现方式和解决问题的代码路径。当然，还要注意锻炼开放心态，提高创新能力、数据结构和逻辑思维能力。

金牌选手的诞生之路：不是一个人在战斗

能披上国旗，站上世界技能之巅，对这些年轻人来说，是足以长久铭记的荣耀。

但荣耀的背后并非坦途。要获得那个唯一的代表国家出战的资格，他们必须闯过重重关卡：市级选拔赛、省级选拔赛、省集训队选拔、全国选拔赛、国家集训队选拔……如果了解选手的故事，会发现他们中的许多人都经历过挫折与失败，跌倒后又站起，咬牙一年年坚持，才最终站上最高领奖台。

对选手来说，几年磨一剑是常态。在漫长的备赛时光中，训练通常从清晨六七点开始，到晚上十一点左右结束。

罗凯报名参加过第45届世赛市内集训选拔赛，当时因为对软件和规则的掌握理解尚不到位，在深圳市的第一轮选拔赛就被淘汰。后来，他进入了世赛集训梯队，和第45届世赛集训选手一起训练，磨练自己。两年后，罗凯终于正式加入第46届世赛深圳市集训队，一关一关拿下，最终代表国家出战，并成功在特别赛上摘金。

罗凯的特点是"稳、准、快"。在长时间的训练中，他对比赛用软件已摸得很透，在操作上流畅度高，一气呵成。问他有何诀窍，罗凯笑了笑，不过"唯手熟尔"。

但他参赛的3D数字游戏艺术项目，特别注重创意。创意就来自日常的观察、感受、交流和积累。这次世赛要求的风格是游戏"堡垒之夜"，偏欧美卡通。训练时，选手必须掌握各类画风。毕竟，赛场上可能出现任何考题。"要多看有意思的作品，大量看国内国外不同风格的东西，再找到自己的风格。"罗凯说。

来自广东省技师学院的刘泽龙，曾经入选第45届世赛电子技术项目国家集训队，但在队内选拔赛上，因发挥失误，他遭到淘汰，无缘那一届世赛。也曾失落失意，但他迅速调整自己，冲击第46届世赛。此次，在2022年世赛特别赛上，他拿下电子技术项目的金牌。

刘泽龙回忆，他的训练就是不停做题，不停做题；不停找缺点，不停找缺点。为更懂硬件设计，他做考研真题；为更懂编程，他在竞赛题库里找题。"只要知识面够广，出什么题都难不住你。"

来自重庆电子工程职业学院的李小松是光电技术这一新增项目的金牌得主。他坦言，每一次选拔之前，都要拼尽全力，不停地做，重复地练，把时间压缩到极致。为了全身心投入训练，他干脆在训练室放了张行军床，就睡在那里。

为了在赛场上能更加从容，训练的难度和强度通通加码。选手对自己的要求，必须比在赛场上更加严苛。

李小松回忆，正式比赛中有一个模块是智能照明环境安装与调试，给定的时间是7个小时，整体试题比样题增加了30%的内容。得益于平时的极限训练，李小松硬是把要求的多个任务全部拿下，"做到手都快抽筋了"。比赛时间到时，他是全场完成度最高的选手。

当然，选手都不是一个人在战斗。他们的身后，是国家，是基地，是教练和专家团队，是翻译和后勤保障团队。

此次特别赛上，在中国代表团完赛项目中，获金牌率达到56%，获奖率达到96%。数控铣项目实现了四连冠，服装技术项目实现了三连冠，移动机器人、电子技术、数控车蝉联金牌。家具制作、精细木工、印刷媒体技术、美容、抹灰与隔墙系统、云计算、3D数字游戏艺术实现金牌突破。在光电技术、可再生能源、移动应用开发等世赛新增项目上，我国选手也勇夺金牌。

再往前看，在第44届和45届世赛中，中国代表团均位于金牌榜和奖牌榜首位。2019年9月，习近平总书记曾对我国技能选手在第45届世赛上取得佳绩作出重要

指示，向我国参赛选手和从事技能人才培养工作的同志们致以热烈祝贺。

"这些成绩绝对不是天上掉下来的。"陈晓曦说。2010年，我国加入世界技能组织；2011年，我国首次组团参加世赛，头两届比赛成绩一般。"当时各种声音都有。有的质疑我们的技能文化不行，有的质疑我们技能人才培养体系不行。后来，经过艰苦努力，我们终于在2015年的世赛上实现金牌零的突破，拿到了5块金牌。"

前述世赛中国组委会相关负责人也表示，我国能够取得好成绩，主要得益于国家对技能人才工作的高度重视，得益于人力资源社会保障部（以下简称"人社部"）认真组织集训备赛，得益于集训基地、专家教练、选手等各个层面的共同努力。而且，世赛是一个综合性职业技能赛事，中国队能够在各个领域全面开花，体现了我国产业结构完整、基础雄厚。

陈晓曦细数了一系列举措：我国成立了世界技能大赛中国组委会，作为统筹组织管理世界技能大赛工作的常设机构；对世赛开展了积极研究，成立了多个世赛研究（研修）中心，研究成果可为主管部门作出科学决策、科学开展集训备赛提供支持；2013年，我国出台了《世界技能大赛参赛管理暂行办法》，对组织机构与职责分工、参赛流程、经费保障等都作出了制度性规定。"基地建设也是我国比较有特色的举措。"陈晓曦介绍，我国的世赛依托各个项目的基地进行人才培养和训练，由基地单位承担集训任务，提供各类保障和支持。

不仅是夺金：看技能成就未来的无限可能

能参加世赛的只有少数人。陈晓曦说，他们如同金字塔的塔尖。但是，你之所以能看到塔尖，一定是因为有坚实的技能人才队伍，有顶尖的技能人才培养水平。

"我们的技能人才工作不光是要培养少数顶尖人才，更要注意带动技能劳动者整体素质的提升，要培养数以千万计、数以亿计的高素质技能劳动者大军，以支撑我国科技、产业发展的长远需要。"前述世赛中国组委会相关负责人说。

媒体眼中的
2022年世界技能大赛
特别赛

近年来，为抓住第四次工业革命发展机遇，世界工业强国纷纷实施"再工业化"战略，吸引高端制造业回流。我国也在抢抓产业转型升级的新机遇。

技能是强国之基、立业之本。技能人才是支撑中国制造、中国创造的重要力量。技能型人才的缺口，会严重制约我国产业转型升级。2021年4月，全国职业教育大会提出了建设技能型社会的愿景；同年6月，人社部印发《"技能中国行动"实施方案》；10月，中共中央办公厅、国务院办公厅印发《关于推动现代职业教育高质量发展的意见》，为技能型社会建设明确了时间表，到2025年技能型社会建设全面推进，到2035年技能型社会基本建成；2022年，党的二十大报告指出，要努力培养造就更多高技能人才……

2022年10月7日，中共中央办公厅、国务院办公厅印发了《关于加强新时代高技能人才队伍建设的意见》，其特别提出"广泛深入开展职业技能竞赛，完善以世界技能大赛为引领、全国职业技能大赛为龙头、全国行业和地方各级职业技能竞赛以及专项赛为主体、企业和院校职业技能比赛为基础的中国特色职业技能竞赛体系"。陈晓曦说，这一竞赛体系的建成，惠及的是更广泛的技能人才群体。

普通高校强调科研与教学的互动，但在职业院校和技工院校中，学科方面的研究通常比较薄弱。"参加世界顶尖水平的比赛，跟上比赛内容和评价标准，就跟上了技能教育的最新趋势和发展方向。"邓元龙说。

技能教育内容需要根据市场需求不断进行调整。世赛也是一个风向标。随着互联网技术与商务活动的结合日益紧密，商务软件展现出巨大的市场潜力。广州市工贸技师学院院长李红强介绍，2014年，该校成立了以商务软件解决方案项目世赛技术专家、本地区行业协会、企业技术代表和本校专业教师共同组成的课题组，开发出完全融入世赛技术标准的"商务软件开发与应用"新专业人才培养方案和8门主体课程，并已通过了新专业申报审批。

"大赛提醒我们技工院校，一定要解决学生上手快但后劲不足的问题，深化产

教融合,让高端企业、龙头企业参与我们的人才培养;还要拓宽学生视野,在技工院校,我们同样也要强调学科交叉,给学生提供国际交流的平台。"邓元龙表示,新时代技术技能人才,要掌握一定的学科基础理论知识,否则后续发展空间会严重受限。他们也要有跨界能力,顶尖的高技能人才,也应跨界到专业技术领域,具备一定的系统设计和实践能力。他们还要具有自我学习新知识、自我掌握新技能的能力。

多位世赛金牌得主感受到,比赛让他们看到了技能成就未来的无限可能。

接触世赛之前,作为一名职校学生,李小松只知道努力升学才有出路;了解大赛后,他才发现原来参加技能比赛也能走上世界舞台,靠着技能同样可以改变命运。李小松出身江西农村,家庭条件一般。世赛项目在晚上颁奖,李小松打视频电话报喜时,五十岁的母亲还在鞋厂工作。"之后我考虑继续深造,也考虑投入职业教育行业,号召更多青年学子走技能成才、技能报国的道路。"

初中毕业后去了技师学院的刘泽龙,入校时就看到了师兄的名字出现在校门口的庆贺横幅上——庆祝他拿到了 43 届世赛的优胜奖。这让刘泽龙朦朦胧胧产生了参赛的想法。但在接触比赛之前,因为迷茫,他一度想要退学。"当时我、家里人还有老家的朋友,都不看好技工教育。觉得出来没地位,想重新读高中。"如今,刘泽龙的名字也出现在了横幅上。现在,他已经是广东省技师学院的老师,他想告诉他的学生——这里就有一个活生生的技能成才的例子。"不努力,怎么知道这个人是不是你?要把命运掌握在自己手中。"

陈晓曦也提到了一个小小的改变。

近几年来,给世界技能大赛中国(天津)研究中心打来的陌生电话更多了,常有社会人士来咨询如何参加世赛。"我们能明显感到,以前对技能技术没那么关注的人,现在也注意到我们了,更多青少年的技能成才之志已经被点燃。"陈晓曦说。

注:第 46 届世界技能大赛原计划于 2021 年 9 月在我国上海举办,因疫情原因

媒体眼中的
2022 年世界技能大赛
特别赛

推迟至 2022 年 10 月举办。后受疫情影响，2022 年不再举办，改为 2022 年世界技能大赛特别赛，分散在法国、瑞士等 15 个国家举办。

记者：张盖伦

中国网

媒体眼中的
2022年世界技能大赛
特别赛

捷报！2022年世界技能大赛特别赛中国代表团在瑞士赛区斩获首金

2022年10月15日

2022年世界技能大赛特别赛家具制作、精细木工、木工3个项目于10月11—14日在瑞士巴塞尔举行，共有来自27个国家和地区的40多名选手参赛。经过4天激烈角逐，中国选手邵茹鹏获得精细木工项目金牌、李德鑫获得家具制作项目金牌、王纵横获得木工项目优胜奖。

中国代表团参赛选手接受世界技能组织采访

参赛选手合影

媒体眼中的
2022 年世界技能大赛
特别赛

据悉，世界技能组织定于今年 9 月中旬至 11 月下旬，在 15 个国家分散举办 2022 年世界技能大赛特别赛，共 62 个比赛项目。该赛事为世界技能大赛正式比赛，作为 2022 年上海第 46 届世界技能大赛替代活动。中国共派出 36 名选手赴瑞士、德国、法国、芬兰、韩国、日本和奥地利参加 34 个项目的比赛。瑞士此次共承办 14 个项目的比赛，是承办赛项最多的国家，我国参加木工、精细木工、家具制作、平面设计技术、印刷媒体技术、电子技术等 6 个比赛项目。目前，除奥地利赛区的比赛于 11 月中旬举办外，其他赛区的比赛正在进行。

作者：王瑞芳

中国新闻网

媒体眼中的
2022 年世界技能大赛
特别赛

从技校走向世界冠军，这对"95 后"师徒如何做到

2022 年 11 月 24 日

10 月中旬的德国莱昂贝格，聚集了来自 20 多个国家和地区的 40 多名顶尖技能选手，这里是 2022 年世界技能大赛特别赛数控车和数控铣项目比赛的承办地。

经过 6 天的比赛，1999 年出生的中国选手周楚杰将数控铣项目的金牌纳入囊中，从而完成中国在这一项目上的"四连冠"。

对周楚杰来说，这是终身难忘的时刻。而跟他一样激动的，还有他的教练、广东省机械技师学院教师杨登辉。5 年前，20 岁的杨登辉也曾摘得该项目金牌，并获得"中国代表队国家最佳奖"。

上技校，学技能，登上世界技能之巅……这对"95 后"师徒走上一条不同的人生路。

周楚杰获得世赛数控铣项目金牌（受访者供图）

技能大赛怎么比？

世界技能大赛（以下简称世赛）每两年举办一届，有"世界技能奥林匹克"的美誉，是当今世界地位最高、规模最大、影响力最大的职业技能赛事。受疫情影响，2022年世界技能大赛特别赛于9月中旬至11月下旬在15个国家分散举行。其中，周楚杰参加的数控铣项目，是中国代表团的优势项目。

数控铣，是操作数控铣床以去除材料的方式来制造零件的比赛项目。它与人们的生活息息相关，如杨登辉所说，我们手机的铝合金边框是用数控机床一体成型的，我们用的塑料杯子的模具是用数控铣床加工出来的，另外还有汽车零部件、军工零部件等的加工。

这个项目有点特别。曾有选手将数控铣与3D打印技术作比较，3D打印是一点

周楚杰在比赛中（受访者供图）

媒体眼中的
2022年世界技能大赛
特别赛

点增加材料，生成一个想要的零件，而数控铣正好反过来。"相当于雕刻一样，给你一个毛坯，你要把多余的部分给去除掉，成为一个零件。"

在世赛现场，选手拿到图纸和材料后，需在规定时间内制定工艺、建模、编程，最后通过机床加工出精密零部件。按照要求，精度要控制在0.02毫米以内，不到头发直径的1/3。

既要达到图纸要求的精度，还要确保零件不变形，这并非易事。温度、切削力、夹紧力……都是影响因素。更重要的是，选手要经过三个模块的考核，历时6天，心理素质也颇为关键。

在激烈的竞争中，周楚杰有一个方法，以拿第二的心态去比赛。

世赛前他们总共选拔了18轮，周楚杰18轮的成绩基本没什么变化，保持在"90分水平"。以他的标准来看，这个分数"没那么高"。但胜在一直在水平线上，发挥稳定。

在德国莱昂贝格，周楚杰也没有过多压力。他以平时训练的状态去比赛，最终以8分优势拿下金牌。穿着中国代表团队服，身披国旗，在跟其他国家选手握手后，周楚杰站上舞台的中央。

周楚杰获得世赛数控铣项目金牌（受访者供图）

金牌是如何得来的?

杨登辉能体会这刻的难忘。5年前,他曾获第44届世赛数控铣项目金牌,将长期占据金牌榜首位的韩国选手拉下神坛。

杨登辉更能理解这刻背后的心血。留校任教后,

杨登辉获第44届世赛数控铣项目金牌(受访者供图)

他先后带过6名学生。几年来,每天早8点到晚10点,几乎没有寒暑假和节假日,一年三百二三十天都在训练。

他向中新网记者介绍了学校的训练选拔机制。刚入学的普通学生,第一年要学习理论基础,之后开始参加竞赛班海选。假如十几个班报名,第一轮选两个班约100人。学校会请专业领域最好的老师给他们补理论和实操课,考察学生的吃苦耐劳能力、学习能力、动手能力、思维逻辑等。两个月后再选一个班,这50人开始学习数控车床,实现从手动到软件编程的转变。这一过程经历三个月,再选一半,剩二十余人分流到各项目。竞赛班实行梯队培养模式,每个老师负责大约五个学生,每个项目根据学习程度不同分为三个年级。

为了让竞赛班的低年级学生快速成长,教练会让他们参加各种比赛,以赛促学、促练。经过两三年历练,这些"新兵蛋子"会逐渐成长为一名能代表学校参赛的选手。然后再经过全省、全国等一轮轮选拔,才有可能成为代表中国参赛的选手。一个新

媒体眼中的
2022年世界技能大赛
特别赛

杨登辉在集训中（受访者供图）

杨登辉在集训中（受访者供图）

手要成为一名世赛选手，起码要5至6年时间。

在很多人看来，职业教育的门槛相对低。事实上，要成为一名顶尖技能人才并不简单。训练的过程漫长枯燥，淘汰比例也相当高。

要坚持下来，一要靠兴趣。比如周楚杰就喜欢钻研技术，别人觉得数控铣精度要求高，他却觉得有吸引力，把零件做到自己满意，让他很有成就感。

二要能应对挫折。杨登辉小时候好动、爱玩，2016年参加广东省世赛选拔赛时，因出现失误，他仅获得第三名。这次失利反而让他更加努力，从那之后更注重细节。

三要坐得住。长时间高强度的训练，多次让周楚杰在技术上遇到瓶颈，产生"练不下去"的想法，每次他都会通过跑步来放松，缓解压力。

"鸡蛋从里打破会变成生命，从外打破会变成食物。"在杨登辉看来，一个顶尖选手，不仅要靠学校老师的培养，更要靠自己的探索与思考，这样才能走得长远。

如何把每个零件做好？杨登辉的回答是"用心去做"——这四个字也成为徒弟周楚杰对自我要求的标准。

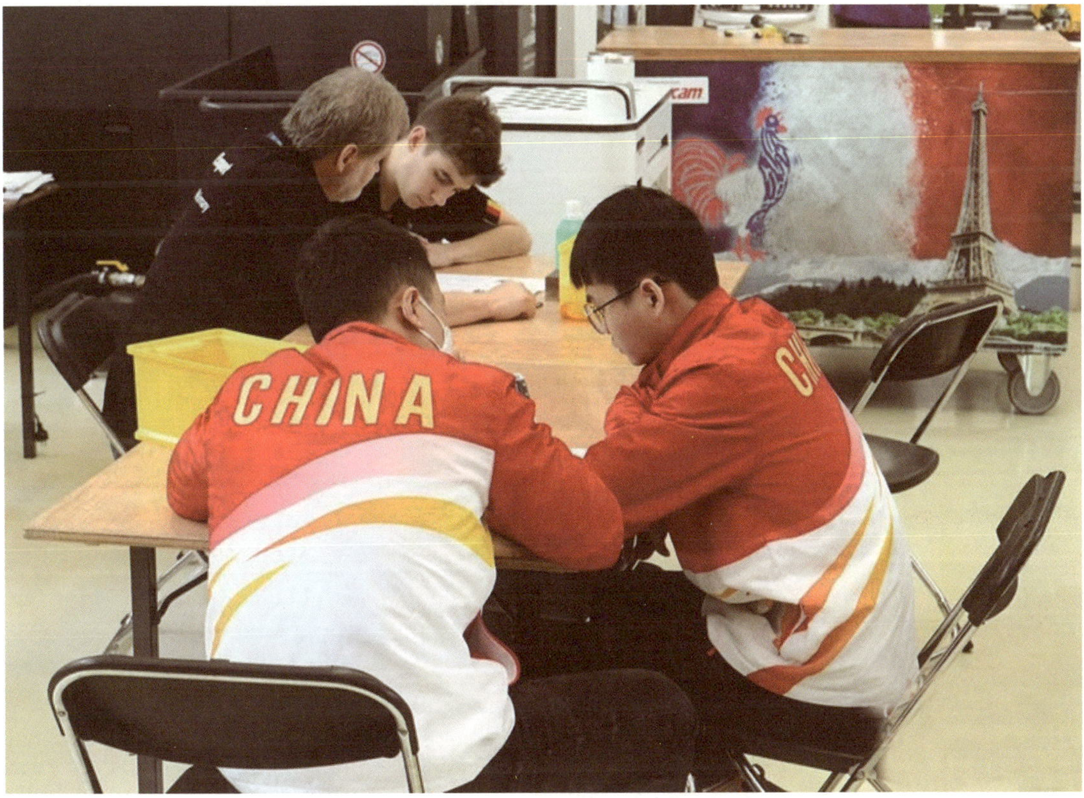

杨登辉和周楚杰（受访者供图）

媒体眼中的
2022年世界技能大赛
特别赛

得了金牌，然后呢？

周楚杰说，他希望像教练杨登辉一样，成为一位老师，培养下一位世界冠军。

2021年发布的《世界技能大赛参赛选手职业发展情况调查研究》中曾提到，世赛选手获奖后留校任教或在工作单位任教的比例达73%，表明这些相对稀缺的高技能人才得到所在地的高度重视。

如何破解"宁可送外卖都不愿意进厂"？

近些年来，我国持续加大对于技能人才培养的政策扶持力度，职业教育发展迎来利好。

在训练时，周楚杰能直观地感受到这种变化。以往夏天训练时，车间里很闷热，现在都安上了空调，车间的照明也比以前亮多了。

但当下而言，仍有很多人对学职业技能抱有偏见，甚至出现"年轻人宁可送外卖也不愿意进厂"的现象。

对杨登辉来说，这不难理解，最直接原因就是收入低。他表示，相对来说，我国的高科技企业、高附加值产品企业较少，仿制、代工企业较多。因此，技能人才的就业也呈现一种特殊情况，非常优秀的技工才能拿到较好的薪水，普通工人收入

周楚杰在训练中（受访者供图）

并不可观。

此外,他还提到职业教育存在的一些问题,如有些职业学校传授的技能与社会需求脱节,致使学生求职难;很多技能人才有丰富的操作技能,但缺乏专业的理论知识,想再上一个台阶非常困难;企业和职业学校的合作可以进一步加深,等等。

"其实有一技之长还是好的,而且越老越吃香。"杨登辉说,他的几个学生都不愁找工作,有的去私企做培训,有的被重点军工企业录用,有的去学校当老师,很多困难家庭的学生也通过学习技能成才,改变了家庭命运。

在他看来,随着中国制造业转型升级,同时具备技能和知识的创新性人才将会日益吃香。

作者:袁秀月

《中国组织人事报》

【"世界技能大赛特别赛"启示录一】
捷报佳绩彰显制度优势

2022年12月19日

捷报频传,再创佳绩!刚刚结束的2022年世界技能大赛特别赛上,中国代表团共取得21枚金牌、3枚银牌、4枚铜牌和5个优胜奖,金牌榜和团体总分再次位居世界第一,向世界展示了中国技能青年精益求精的技能水平、昂扬向上的精神面貌、朝气蓬勃的青春风采。

却顾所来径,苍苍横翠微。我国正式加入世界技能组织以来,连续参加世界技能大赛,参赛成绩由第41届"1银5优胜"到第43届实现金牌"零的突破",到第44届、第45届和这次特别大赛三次蝉联桂冠,登上世界技能之巅。颁奖台上,一个个身披国旗的年轻身影,一道道鲜艳的"中国红",见证了中国技能健儿的拼搏之路,彰显出党的领导的政治优势、社会主义制度优势和中国特色职业技能开发独特优势。

思想之光引领技能人才队伍发展。党的十八大以来,党中央、国务院高度重视技能人才工作。习近平总书记多次作出重要指示批示,在许多场合、多个会议反复

强调要加强技能人才队伍建设，健全技能人才培养、使用、评价、激励制度，大力发展技工教育，大规模开展职业技能培训，加快培养大批高素质劳动者和技术技能人才。这为技能人才工作和队伍发展注入了强大思想动力，拓宽了广大青年技能成才、技能报国之路，引领技能人才队伍建设取得了历史性成就、发生了历史性变革。截至 2021 年年底，全国技能人才总量超过 2 亿人，高技能人才超过 6000 万人。一支新时代技能人才大军，正向着全面建设社会主义现代化强国奋进。

政策支持营造良好人才发展生态。人社部门深入贯彻落实习近平总书记重要指示批示精神，完善技能人才工作政策支持框架，着力构建"1+N"技能人才队伍建设政策体系，持续改革完善技能人才培养、使用、评价、激励机制，营造良好的技能人才发展生态，推动技能人才队伍总量不断扩大、素质稳步提升、活力充分释放。整合政策资源，聚合各方力量，实施部省共建技能强省、技工大省工程，充分调动相关部门、行业企业和地方的积极性，形成横向合作、纵向联动共同推动技能人才队伍建设的工作格局。我国技能人才的政治、经济和社会地位全面提升，获得感和荣誉感增加，社会观念逐步改变，技能人才培养条件不断改善，培养标准、方式逐步与世界先进水平接轨，青年技能人才队伍不断发展壮大、实力得到提升。

个人拼搏和组织培养成就梦想。金牌是拼出来的，成绩是汗水浇灌出来的，没有人能轻轻松松夺冠。参赛选手赛前克服困难、刻苦训练，赛中不畏强手、沉着应对、顽强拼搏。马宏达靠日积月累的肌肉记忆，实现了中国队在抹灰与隔墙系统项目上金牌"零的突破"；李德鑫为了练好家具制作基本功，仅燕尾榫部件就做了上千个，手掌布满了厚茧；伍远州备赛期间，指甲缝里的青白石灰"漂白"了 10 个指甲。人社部门遴选确定一批高水平集训基地，对标世界技能大赛标准和理念，采用最先进的标准进行科学培养训练，专家、教练、翻译组成技术团队，心往一处想、劲往一处使，密切配合、齐心协力，指导和带领选手进行训练和比赛，竭尽全力完成各项赛事工作，为选手取得优异成绩提供了有力支持。

媒体眼中的
2022年世界技能大赛
特别赛

　　工匠精神是人才辈出的源头活水。我国工匠文化深厚，从青花瓷到中式园林，从鲁班刻凤、庖丁解牛到《考工记》《天工开物》，自古就不缺"工匠基因"。党的十八大以来，我国大力宣传技能人才重要作用和贡献，选树"技能英雄""技能明星"，向全社会讲述技能成才故事，引领劳动者在本行业和本领域担大任成大器，培育形成了执着专注、精益求精、一丝不苟、追求卓越的工匠精神。这种精神成为中国共产党人精神谱系的重要组成部分，成为激励技能人才不懈奋斗、精进技艺、攻克难关的重要精神源泉。在世界技能大赛的带动下，各地掀起"技能运动"的热潮，弘扬精益求精的工匠精神，传递自强奋斗的价值观，形成劳动光荣、技能宝贵、创造伟大的时代风尚，带动更多青年选择技能人生，以技能之笔成就青春梦想。

【"世界技能大赛特别赛"启示录二】
用好技能竞赛练兵场

2022 年 12 月 19 日

  士因习而勇,战因练而胜。技能大赛是切磋技艺的练兵场,也是人才培养的风向标。近年来,我国已构建起以世界技能大赛为引领、中华人民共和国职业技能大赛为龙头、全国行业职业技能竞赛和地方各级职业技能竞赛以及专项赛为主体、企业和院校职业技能比赛为基础的、具有中国特色的职业技能竞赛体系。要用好技能竞赛练兵场,让更多技能人才脱颖而出,促进竞赛成果向职业教育培训转化,推进技能传承,带动技能人才队伍建设全面发展。

  世界技能大赛被誉为"世界技能奥林匹克",是最高层级的国际职业技能赛事,引领和代表着职业技能发展的世界先进水平,已成为技能人才培养、推动技能人才事业发展的重要抓手。统计数据显示,第 41 届至 45 届世界技能大赛的 179 名中国选手之中,已有 166 人获得"全国技术能手"荣誉称号,有的获得"中国青年五四奖章",有的当选人大代表、政协委员。经过世赛的历练和打磨,参赛选手综合能力素质得到了全方位提升,其中,高级技师职业资格等级增长 433.3%,特级技师

媒体眼中的
2022年世界技能大赛
特别赛

从0增加到4人，中级职称增长450%，高级职称增长1500%，正高级职称人数从0增加到5人。竞技是人才成长的快车道。专家指出，世赛要求高精度高标准，两年备赛期中的成长堪比普通生产线中5~10年的程度。不少参赛选手表示，大赛使他们看到了行业最高技艺水平，找差距补短板，获得了技能水平提升。高强度的竞技环境也有效促进了选手的心理素质、自我管理能力、主动性和责任心等"软技能"的发展。经过竞赛历练的选手，往往成为企业竞相争夺的对象。当前，全国各级各类职业技能竞赛活动蓬勃发展，要进一步推广技能运动，促进竞赛质量、规模和影响力全面提升，促进技能竞赛工作高质量开展，树立技能竞赛品牌，更好推进技能人才队伍建设。

助力产业发展、服务人才成长，是技能大赛的使命所在、价值所求。职业技能竞赛源于生产实践，对接产业发展、社会需求，其竞赛理念、技术标准都会随着产业发展、技术进步不断调整完善，尤其是世赛的理念、标准都代表了当今世界职业技能领域的最高水平。只有紧跟技术发展前沿，加强产教融合，方能培养出社会需要、企业欢迎的技能人才。充分发挥世赛的引领作用，促进技工院校在专业课程体系建设、课程标准制定、教学资源开发、师资队伍培养和教学场地建设等方面与世界先进标准对接，缩小我国与技能强国在技能人才培养模式、教学要求、培养质量等方面的差距。要注重加强各类大赛成果转化，以赛促学、以赛促训、以赛促改，对接国际先进标准，把握行业需求和市场动向，改革课程设置，升级传统专业，不断提升技能人才培养质量。要发挥参赛选手传帮带作用，让他们在施工一线担任项目带头人，在生产操作的关键环节发挥中流砥柱作用，培养带动更多技能人才，让精湛技艺、工匠精神得到更好发扬。

大赛不止于"赛"，更在于带动技能强国建设。技能大赛的最终目的，不在于获得了多少金牌、奖牌，而在于通过大赛掀起"技能运动"的热潮，让社会更加关注技能，让有关部门、各级党委政府和各行业企业更加重视技能，让更多青年学习

技能，推动建设技能社会，实现技能强国。从刮腻子走上世界舞台，到拧螺丝成为世界冠军；从普通技校学生到成为优秀的世赛教练、技能高手；从高级工到高级技师，从世赛冠军到全国人大代表，通过竞赛的舞台，众多技能人才获得了荣誉、受到了表彰、晋升了等级，实现了人生的华丽转身。参赛选手摘金夺银、技能成才的励志故事广为传播、深入人心，激发了更多年轻人技能报国的梦想。要以技能大赛为契机，加强优秀技能人才表彰奖励，树立"职业英雄""技能明星"，讲好技能成才故事，弘扬精益求精的工匠精神，传递自强奋斗的价值观，用技能青年榜样的事迹影响带动更多人选择技能人生。要打破技能人才成长"天花板"，创造更好成长环境和发展机遇，进一步提升技能人才的社会地位，在全社会形成尊重劳动、崇尚技能的社会氛围，带动更多青年人走技能成才、技能报国之路。

媒体眼中的
2022年世界技能大赛
特别赛

【"世界技能大赛特别赛"启示录三】
用技能拓宽就业之路

2022年12月19日

"刮腻子也能刮出世界冠军""有技能就能让世界刮目相看",“00后"小伙马宏达凭借精湛技艺,摘得2022年世界技能大赛特别赛抹灰和隔墙系统项目金牌,实现该项目中国金牌"零的突破",引发舆论关注、冲上热搜。赛场之外,越来越多的技能青年,在平凡岗位埋头苦干、发光发热,用智慧和双手彰显劳动者的力量和荣光,用执着和专注展现大国工匠的技艺和风采。实践证明,技能是广大青年实现人生梦想的重要途径,是书写青春答卷的精彩之笔。

技能是立身之本,也是就业之基。加强技能人才工作,是解决就业总量矛盾、缓解就业结构性矛盾最有效的举措。从德国、瑞士等发达国家经验来看,加强技能人才培养是解决青年就业难题、铸就制造强国的重要法宝。我国是人口大国,预计到2030年之前劳动力规模都保持在8亿人以上,就业总量压力长期存在。随着经济发展方式转变、产业结构调整、技术革新步伐加快,劳动力供求不匹配的结构性矛盾越来越突出。数据显示,我国技能劳动者的求人倍率一直在1.5以上,高级技

工的求人倍率甚至达到 2 以上的水平。当前，我国就业总量的压力与结构性矛盾并存，"招工难"与"就业难"两难并存，有的岗位需要的人多，但合适的人少；而有的岗位需要的人少，合适的人却多。解决就业矛盾，最根本、最直接、最有效的措施就是大力培养技能人才，广泛开展职业教育培训，用技能拓展青年就业创业之路。

"千金在手不如一技傍身"。近年来技能岗位含金量越来越高，职业荣誉感越来越强，工作环境也明显改善，技能成才、技能增收屡见不鲜。2020 年上海技能人才年平均工资为 13 万多元，比全市平均工资高 1 万多元。近年来各地频频上演以高素质技能人才为目标的"抢人"大战，不少技工院校学生毕业前就被"预订一空"。首届全国职业技能大赛期间，就出现"场上竞争激烈，场下抢人激烈"的现象，18岁的技校学生取得物联网项目冠军，被企业以百万年薪预订。事实表明，技能是就业市场的"硬通货"，技能饭碗不仅端得稳，这碗饭还能吃得香。全社会要树立科学的人才观，转变"重理论轻技工、重学历轻技能"的观念，转变"技工院校低人一等"的观念，营造尊重劳动、崇尚技能的浓厚社会氛围，努力形成人人渴望成才、人人努力成才、人人皆可成才、人人尽展其才的生动局面。

新时代劳动者不仅要有力量，还要有智慧、有技术，能发明、会创新。要大力发展技工教育，促进世赛成果向职业教育培训转化，推动教学观念转变、教学内容更新、教学方法改革，创新技能人才培养模式，加快建设知识型、技能型、创新型劳动者大军。要积极探索中国特色学徒制，以企业为主导，企校共建技能人才培养基地，共建双师型教学团队，深化产教融合、校企合作，开展订单式培养、套餐制培训，创新校企双制、校中厂、厂中校等方式，推动人才培养与企业需求紧密对接，为企业培养适应产业发展和结构调整要求的高素质技能人才。职业培训是提高劳动者素质、增强就业创业能力的重要途径。要构建终身职业技能培训制度，大规模开展职业技能培训，深入实施职业技能提升行动，瞄准技术变革和产业优化升级的方向，开展高质量的职业技能培训、见习岗位培训、创业能力培训、新职业培训，不断提高实践能力、扩展就业空间、提高就业质量。

看似寻常最奇崛，成如容易却艰辛。技艺之美背后都凝结着无数汗水和沉潜匠心。技能成才的道路并非坦途，有时充满了艰辛和曲折，甚至布满了荆棘，需要长期坚守、艰苦磨炼。广大技能青年要增强创新意识、培养创新思维，适应科技革命和产业变革的需要，密切关注行业、产业前沿知识和技术进展，勤学苦练、深入钻研，不断提高技术技能水平。要爱岗敬业、艰苦奋斗，发扬劳模精神、劳动精神、工匠精神，沉下心、肯吃苦、多练习，勇于攀登技能高峰，练就一身绝技绝活，以一技之长照亮就业创业之路，成就精彩人生。

技能之光点亮青春梦想
——2022年世界技能大赛特别赛观察

2022年12月19日

金牌！金牌！金牌！……

技能巅峰对决，中国捷报频传。9月中旬至11月下旬，2022年世界技能大赛特别赛在欧洲、亚洲、美洲等地区的15个国家分别举办，年轻的中国工匠们一次次身披国旗，冲上领奖台，接过金牌，一抹抹鲜艳的"中国红"在世界技能舞台大放异彩。

这是我国自2010年10月加入世界技能组织以来第六次组团参赛。在全部62个项目中，中国代表团参加了34个项目，共获得21枚金牌、3枚银牌、4枚铜牌和5个优胜奖，位列金牌榜第一，金牌获奖率高达62%，参赛项目奖牌率高达97%，金牌总数刷新单届比赛历史最好成绩，实现了新的突破。

匠心筑梦，成就非凡，中国技能青年用拼搏奋斗展现了中国技能的雄厚实力，彰显出中国特色职业技能开发的独特优势，激荡起技能成才、技能报国的澎湃乐章。

媒体眼中的
2022年世界技能大赛
特别赛

中国技能健儿闪耀世界技能之巅

以指点穴、以掌推脉、以肘揉经，动作轻重适宜，如行云流水……在芬兰赛区，美容项目选手王珮以自创的中式美容推拿技法、全情投入的状态赢得了裁判和观众的赞叹。最终，裁判们为这套极具东方美学的运动按摩手法打出了最高的等级分。"那是一次'高光时刻'。"王珮激动万分。

以拼搏之姿决战技能之巅。在世赛特别赛的赛场上，中国选手沉着应战、顽强拼搏、奋勇争先，向世界展示着新一代中国技能青年的青春风采和工匠精神。

云计算项目比赛，强手如林，竞争对手不乏来自三星公司、亚马逊公司的前员工。比赛进行到第二天，面对第一道赛题，场上14名选手，只有3名选手做出了题目。看着闪烁的电子计分板上实时更新的分数，就连场外的教练都不免心惊肉跳。

赛场上的陈新源却沉浸其中、镇定自若，只用2小时就完成了题目，比后面两名选手分数高了一倍。4天的比赛，陈新源每天以接近满分的压倒性优势提前锁定了冠军，最终顺利拿下我国在世赛云计算项目上的首枚金牌。

异国参赛、陌生的比赛环境，选手们一边克服种种不利因素的影响，一边随时应对现场意想不到的"小插曲"。

"嘭"，随着一声响动，数控车项目的吴鸿宇心里"咯噔"一下：一位外国选手把他刚检验过的机床给撞了。发生在比赛前机床检验环节的这一幕，给吴鸿宇带来新的挑战。尽管有工程师维修，但维修后的机床不可能回到原来的位置，这意味着第二天他必须再花一点时间去熟悉各个参数。

意外并没有影响吴鸿宇的发挥。比赛开始后，他先是用十分钟熟悉设备，放慢节奏，找到操作的手感，然后逐渐形成规律，再加快速度。"虽然其他选手加工速度很快，但我深知精度和质量才是制胜法宝。"最终，凭借精湛的工艺，吴鸿宇以8分的巨大优势一举夺冠。

世界技能大赛被誉为"世界技能奥林匹克",其竞技水平代表了当今职业技能发展的世界先进水平。数控铣项目实现"四连冠",砌筑项目和时装技术项目实现"三连冠",数控车、电子技术、电气装置和移动机器人项目蝉联金牌……这次比赛,中国队不仅在传统优势项目中展现过硬实力,在美容、家具制作、精细木工、货运代理、重型车辆维修等多个项目上也首次摘金或获得奖牌,获奖项目覆盖世赛全部六大领域。

"领奖那一刻,我把五星红旗披在身上,这种感觉特别棒,因为我向世界证明了中国技能!"宁波技师学院的蒋昕桦抑制不住内心的激动。在重型车辆维修项目中,他战胜发达国家的对手获得金牌,实现了中国该项目金牌"零的突破"。

世界技能大赛中国组委会相关负责人表示,世赛是一个综合性职业技能赛事,中国队能够在各个领域全面开花,体现了我国产业结构完整、基础雄厚的优势,也体现了我们支撑实体经济的强大技能人才实力。据统计,截至2021年年底,我国技能人才总量超过2亿人,高技能人才超过6000万人。"世赛选手如同金字塔的塔尖,我们之所以能看到塔尖,是因为有坚实的技能人才队伍做根基。"世界技能大赛中国(天津)研究中心副教授陈晓曦说。

奖牌背后,是中国特色的职业技能开发优势

伸出手,手掌和指腹上布满厚厚的老茧,22岁的家具制作项目选手李德鑫有一双和年龄极不相称的手。正是靠着这双手,他在世赛特别赛上为我国赢得了家具制作项目首金。

"家具制作需要保持手感,形成肌肉记忆,一天不练就会感到生疏。"李德鑫说。备赛期间,除了吃饭和午休,他几乎每天从8点训练到21点,在特定的冲刺期还会加练。跟机器、刀具打交道,起水泡、擦伤、割伤在所难免,高强度的训练成就了他老练、独到的"手上功夫",比赛中他以超高精度的作品获得冠军。

媒体眼中的 2022 年世界技能大赛 **特别赛**

炉火纯青的技艺来自永不言弃的努力，信手拈来的轻松源自日积月累的奋斗。世赛领奖台之外，集训基地深夜通明的灯火见证了这群技能青年奋斗的青春、前行的底气。

每天要在训练室待上 10 个小时，反复进行"一铲灰、一块砖、一揉压"三个动作不下 200 次的练习，这是砌筑项目冠军伍远州备赛期间的日常。为了达到最佳手感，伍远州在训练时不戴手套，久而久之，他的手磨出老茧，指甲缝里的青白石灰甚至漂白了十个指甲。"唯有高标准要求自己，才能尝到成功的滋味。"伍远州说。

世界舞台上的较量，从来不是一个人的战斗。出色的成绩离不开党和国家对技能人才工作的高度重视。党的十八大以来，习近平总书记始终高度重视技能人才队伍建设，多次作出重要指示批示。从加强新时代高技能人才队伍建设的意见，到健全完善新时代技能人才职业技能等级制度，从提高技术工人待遇，到完善高技能人才表彰奖励制度，一系列政策红利释放，推动我国技能人才队伍建设不断提速。

因为家庭贫困，广东省技师学院的刘泽龙一度想退学，我国技工教育的免学费政策和补助金政策为他纾解了困难，铺平了成长道路。看到不少师兄都拿到世赛的奖牌，就业前景广阔，刘泽龙解除了顾虑，专心学习，积极备赛，在这次比赛中勇夺电子技术项目金牌。

成绩的取得也得益于中国特色的职业技能竞赛体系的建立。我国广泛开展各级各类职业技能竞赛活动，每年举办国家级一类大赛近 10 项、国家级二类竞赛 70 余项，参与竞赛人数达到上千万人次，为选手们脱颖而出、锤炼技能创造了机会；建立 300 多个项目的集训基地，成立 4 个世赛研究（研修）中心，为科学开展集训和备赛提供了强大支持。

赛前不公布样题、大部分自备工具不能携带进赛场……在奥地利赛区电气装置项目的比赛中，竞赛规则的调整让盐城技师学院的余守安面临不同以往的考验。面对挑战，江苏省、盐城市人社部门会同盐城技师学院国家集训基地专家和教练反复

推演，周密制定预案，完善冲刺阶段集训方案，提升选手在赛场上应对各种风险挑战的能力，助力余守安成功斩获金牌。

"个人的成就与国家、单位的支持密不可分，1枚金牌背后是10个、100个、1000个甚至更多人员的投入。"广东省机械技师学院院长叶军峰说。

世赛风向标指引技能人才培养方向

"'刮腻子''拧螺丝'也能成为世界冠军！""真的是'行行出状元'！""技工教育的春天来了！"随着中国代表团摘金夺银的消息不断传出，网友们纷纷欢呼、点赞。世赛选手们再一次成为技能改变命运、竞赛点亮人生的生动范本。

移动机器人项目金牌选手侯坤鹏、唐高远，一个是高中落榜生，一个是高中辍学生，凭借技能走出了一条立足平凡成就非凡的道路。放弃大专院校、主动选择技工院校，可再生能源项目金牌选手陈智勇用行动和实力打破了身边人对技工院校的偏见……

一技之长，能动天下，走出赛场，世赛效应正在持续发酵。夺冠归来，侯坤鹏、唐高远受到河南漯河市委书记的接见与盛赞，并受邀留校任教。成为抹灰与隔墙系统项目世界冠军后，有很多企业邀请马宏达去做技术顾问或者管理型人才。得知张洪豪获得信息网络布线项目银牌，天津市人社局第一时间送上好消息，除了30万元奖励，张洪豪明年还可以破格申报副高级职称。"制造业强国需更多'技能奥运冠军'，这样的年轻人也应该成为众人仰慕的明星或者偶像。"对外经济贸易大学北京对外开放研究院研究员李长安说。

众多选手选择了留校任教，把技能传承给更多有志青年。重庆市人社局局长黎勇认为，"这些金牌选手投入职业教育和人才培养事业中，不仅能有力传承高超技艺、冠军精神，更能激励带动、培训培养更多青年人才走上技能成才、技能报国之路。"

以赛促学、以赛促育，世赛风向标进一步指引着我国技能人才培养的方向。

媒体眼中的
2022 年世界技能大赛
特别赛

紧跟产业发展是世赛的鲜明特征。聚焦产业发展需求，培养适应数字经济发展的技能人才，让"广东技工"与广东智造实现了同频共振。广东省人社厅相关负责人介绍，广东积极推动字节跳动、腾讯等数字经济龙头企业与优质技工院校组建联盟，加快人工智能、云计算、区块链等数字技能培训，培育从事新职业、掌握新技术的产业"新工匠"，为广东产业数字化转型发展注入强大动力。这次比赛，在移动应用开发、网络系统管理、云计算和 3D 数字游戏艺术等数字技能领域的 4 个项目中，广东选手斩获 3 枚金牌和 1 个优胜奖，体现了广东数字技能人才培养工作量的跃升、质的突破。

对技工院校来说，跟上比赛内容和评价标准，就跟上了技工教育的最新趋势和发展方向。

"将竞赛理念转化为办学理念、竞赛技术标准转化为课程标准、竞赛训练方法转化为一体化教学方法、竞赛内容转化为教学内容。"浙江建设技师学院相关负责人提到，在世赛推动下，学院与大赛项目相关的专业得到进一步发展，成为学院优势专业、重点专业、品牌专业，教学质量大幅提升，近五年先后培育出 17 名全国技术能手、3 名全国青年岗位能手等高端人才。

漯河技师学院党委书记潘反修表示，夺金不是目的，要总结规律、运用规律，把世赛标准引入课改体系，打造金牌学院品牌，力争培养更多优秀高技能人才。

大国之路，匠心筑梦。党的二十大报告指出，要努力培养造就更多高技能人才。近日，中共中央办公厅、国务院办公厅印发《关于加强新时代高技能人才队伍建设的意见》，以更大范围、更大力度，激励更多劳动者特别是青年一代走技能成才、技能报国之路。以世赛为引领，劳动光荣、技能宝贵、创造伟大的良好氛围正在形成，技能人才的黄金时代已然到来！

记者：吴叶柳

《中国劳动保障报》

媒体眼中的
2022 年世界技能大赛
特别赛

匠心筑梦 挥洒青春
——2022 年世界技能大赛特别赛速览

2022 年 11 月 29 日

当地时间 11 月 27 日下午，2022 年世界技能大赛特别赛最后一个赛区的比赛在奥地利萨尔茨堡落下帷幕。

在 2022 年世界技能大赛特别赛中，中国代表团在参加的 34 个项目上共获得 21 枚金牌、3 枚银牌、4 枚铜牌和 5 个优胜奖，在金牌榜上名列第一，同时金牌数超越第 45 届世界技能大赛参加全部 56 个项目取得的历史最好成绩，金牌获奖率高达 62%，参赛项目奖牌率高达 97%，实现了新的突破。

以青春之名，赴时代之约。在世赛舞台上，中国技能选手用奋斗和汗水书写了精彩人生，更绘就了技能成才、技能报国的精彩时代画像。

不惧困难展现技能匠人风采

数控车是加工零件的主要工具，更是高端制造必不可少的工具，具有高精密性。2022年世赛特别赛上，这一项目的比赛考验的是参赛选手读图绘图、建模编程、合理选用测量工具并对产品进行准确测量的能力。对于年轻小将吴鸿宇来说，比赛项目不仅要求高、时间跨度长，比赛时的新设备和新工具等因素也给他带来不少心理压力。在比赛中，吴鸿宇及时调整状态，利用长期高强度训练积累下来的经验积极应对挑战，最终以大比分领先斩获数控车项目金牌。

赛前不公布样题，大部分自备工具不能携带进赛场……竞赛规则的调整让电气装置项目选手余守安遇到了难题。他积极应对变化，在专家和教练帮助下周密制定预案，完善冲刺阶段集训方案，最终得以沉着应战，以最高分摘取该项目桂冠。

不惧困难，保持良好的精神状态，不被突发状况所影响，灵活处理各种问题，参加2022年世界技能大赛特别赛的中国选手以饱满的精神状态攀登技能巅峰，为国家赢得荣誉。

技能圆梦用技能书写精彩人生

世界技能大赛是最高级别的世界性职业技能赛事，是青年人展示技能的青春舞台。

"这块金牌，汇聚了许多老师的付出和努力。上台那一刻，我的心中充满了感激和紧张。真的非常感谢各位领导、专家教练老师和一直支持鼓励我的父母和小伙伴们，有了他们，我才能交出这份满意的答卷。非常幸运，这个时代赋予了我们展示技能、展示自我的机会。"时装技术项目金牌获得者董青说。

心中有梦想，脚下有力量。当获得中华人民共和国第一届职业技能大赛可再生能源项目金牌时，陈智勇说："我的理想是用自己的经历和行动启示身边的人，让同学们明白技能成才也是一条'阳光大道'，'行行出状元'是硬道理，让更多的青年人结合自身实际，在技能学习中找到自信和人生方向，走上技能成才、技能报国之路。"

如今，站在世界舞台上的陈智勇获得了2022年世界技能大赛特别赛可再生能源项目金牌，用实际行动继续向着梦想努力。

以梦为帆，赛场拼搏，不负韶华。2022年世界技能大赛特别赛选手们用奋斗书写了精彩人生，也点亮了更多人的技能之梦。

不言放弃用汗水浇灌成才之路

宝剑锋从磨砺出，梅花香自苦寒来。从立志成为国赛选手，到获得世赛冠军，一路走来，年轻小将罗凯用汗水浇灌了自己的成才之路。

2016年，参加完中考后，在家人和老师的鼓励下，抱着"拥有一技之长好就业"的想法，罗凯入读深圳技师学院游戏设计专业。在学校期间，了解到世界技能大赛3D数字游戏艺术项目后，抱着对游戏设计的热爱，罗凯参加了第45届世赛集训队员选拔赛，却因为缺少经验遗憾败北。在老师的鼓励下，他重拾信心，投入到艰苦训练中，最终入选第46届世赛国家集训队。他坚持每晚至少练习到十一点半。经过日复一日的训练，他最终拿到2022年世界技能大赛特别赛的入场券，并一路过关斩将，夺得3D数字游戏艺术项目金牌。

一滴水里观沧海，一粒沙中看世界。罗凯的成功之路，折射的是本次世赛特别赛中国选手不言放弃、不懈奋斗的精神品质。

出生于广东揭阳农村的林伟桐，2015年进入广东省机械技师学院模具设计专业。在学校里，他刻苦学习，经过层层选拔，进入竞赛班学习材料制作技术。为了钻研

重型车辆维修项目选手蒋昕桦在比赛中（图片由奥地利赛区中国代表团提供）

数控铣项目选手周楚杰在比赛中（图片由德国赛区中国代表团提供）

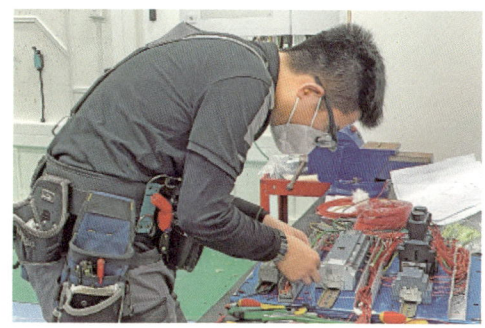

电气装置项目选手余守安在比赛中（图片由奥地利赛区中国代表团提供）

混凝土建筑项目选手张阳光、刘锦豪在比赛中（图片由奥地利赛区中国代表团提供）

203

技艺，他几乎没有假期。天道酬勤，最终他获得2022年世赛特别赛增材制造项目银牌。"选择学习技能，就是给自己的人生做'加法'，如同给空白的数字模型逐层堆积材料，慢慢把自己打造成有用之才。"林伟桐说。

技术工人队伍是支撑中国制造、中国创造的重要力量。相信在世赛选手的技能成才、技能报国之路的激励下，现代化的技能赛道上会涌现出更多技能人才。

记者：邢泽宇

技能报国　青春闪亮

2022 年 11 月 29 日

21金3银4铜5个优胜奖！近日，2022年世界技能大赛特别赛落下帷幕，中国代表团再次斩获金牌榜和团体总分第一的佳绩。历时1个多月，中国代表团奔赴7个国家、参加34个项目，在"世界技能奥林匹克"的赛场上与各国技能精英交流切磋，以实际行动和优异表现践行了"征战世赛、奋勇争先、顽强拼搏、为国争光"的出征豪言。

这是一次技能实力、青春风采的集中展示。在此次世界技能大赛特别赛上，中国代表团既延续着高水平、获得了好成绩，又实现了新突破、展现出新气象。有的项目实现"三连冠"，有的项目蝉联冠军，多个项目摘得首金，金牌数超越历史最好成绩，金牌获奖率高达62%，参赛项目奖牌率高达97%……中国技能的非凡实力，书写在一次次刷新纪录的成绩里，印刻在一块块来之不易的奖牌上，定格在一个个身披国旗的身影中。从经过不懈努力加入世界技能组织，到获得第48届世界技能大赛举办权，从实现一个个项目金牌"零的突破"，到连续3届获得金牌榜和团体总分第一，世赛之路见证着我国技能实力的进阶，向世界展示了中国技能青年精益

媒体眼中的
2022年世界技能大赛
特别赛

求精的技能水平、昂扬向上的精神面貌、朝气蓬勃的青春风采。

这是一部匠心筑梦、技能成才的生动范本。随着世界技能大赛特别赛一个个比赛项目的上演，"00后'刮腻子'成为世界冠军""00后'拧螺丝'拧成世界冠军"等新闻引发火热关注，邵茹鹏、顾俊杰、吴鸿宇、罗凯、蒋昕桦等名字闪耀世界技能之巅，让人们重新认识了木匠、泥匠、瓦工等工种。中国技能青年在赛场上展现出扎实过硬的技能水平和专业素质，让更多人消除对刮腻子、焊零件、拧螺丝等技能劳动的误解和偏见，发现技能的魅力和价值。

这些技能健儿凭借高超技能获得世界级荣誉、为国争光、实现人生"逆袭"，用亲身经历展示了技能成长成才的光明前景，必将激励更多劳动者和青年学技能、长本领，用技能之光点亮职业发展、人生出彩和梦想成就之路。

这是一场劳动精神、工匠精神的充分弘扬。在这个世界级舞台上，我国青年工匠与各代表团顶尖高手展开速度、精度和力度的较量，在毫厘之间过招、于分秒之间比拼，背后是日复一日的反复练习和年复一年的刻苦磨练。7年如一日敲代码的黄树明，6年与数控设备为伴的周楚杰，5个四季在粉尘中劳作的马宏达，把家具制作动作刻进肌肉记忆的李德鑫……新时代技能青年坚强、坚韧、坚持，生动诠释了崇尚劳动、热爱劳动、辛勤劳动、诚实劳动的劳动精神和执着专注、精益求精、一丝不苟、追求卓越的工匠精神。世赛选手的故事广为流传，使人们认识到一技之长的练就来自永不言弃的努力、信手拈来的轻松源自日积月累的奋斗，尊重技能、尊重劳动的社会氛围愈加浓厚。

技能报国，青春闪亮。用世赛标准引领技能人才队伍建设，让台上的荣耀和光彩、台下的奋斗与拼搏激励广大青年学习技能、拥有技能、精进技能，就一定能培养造就更多大国工匠、能工巧匠，为全面建设社会主义现代化国家提供有力支撑。

不断开创技能人才队伍建设新局面

2022 年 11 月 30 日

近日，2022 年世界技能大赛特别赛画上圆满句号，中国代表团再次获得金牌榜和团体总分第一的优异成绩。2019 年，习近平总书记对我国技能选手在第 45 届世界技能大赛上取得佳绩作出重要指示，强调"在全社会弘扬精益求精的工匠精神，激励广大青年走技能成才、技能报国之路"。我国青年技能健儿在赛场上奋勇争先、为国争光，正是对习近平总书记殷殷嘱托的牢记和践行。

技能人才是支撑中国制造、中国创造的重要力量。习近平总书记高度重视技能人才队伍建设，在多个重要场合和多次考察调研时作出重要指示，为加强新时代技能人才队伍建设提供了根本遵循和行动指南。"工业强国都是技师技工的大国，我们要有很强的技术工人队伍""造就一支有理想守信念、懂技术会创新、敢担当讲奉献的宏大产业工人队伍""各级党委和政府要高度重视技能人才工作，大力弘扬劳模精神、劳动精神、工匠精神，激励更多劳动者特别是青年一代走技能成才、技能报国之路""加大技能人才培养力度，提高技术工人工资待遇，吸引更多高素质人才加入技术工人队伍"……一系列重要论述思想深刻、立意高远、内涵丰富，深

媒体眼中的
2022年世界技能大赛
特别赛

入阐述了技能人才的战略地位和时代价值，科学回答了建设什么样的技能人才队伍、怎样做好技能人才工作等重大问题，擘画了技能人才成长成才、技能大军发展壮大的蓝图。

党的十八大以来，人社部门深入学习贯彻习近平总书记重要指示批示精神，认真落实党中央、国务院决策部署，在顶层设计、制度建设、政策供给、重点攻坚等方面持续发力，推动技能人才队伍建设取得重大进展。从大规模开展职业培训、大力发展技工教育，到扎实推进技能人才评价改革、广泛举办职业技能竞赛，从持续完善技能人才岗位使用制度，到提高技术工人待遇、加大技能人才激励力度……一份份改革文件节节相连，一项项政策举措环环相扣，技能人才培养、使用、评价、激励制度不断健全，推动技能人才队伍规模不断壮大、素质稳步提升、结构日益优化、作用更加凸显。

做好新时代技能人才工作，事关工人阶级先进性的巩固和发展，事关国家核心竞争力和科技创新能力的提升，事关经济社会高质量发展，事关就业大局的稳定。在迈上全面建设社会主义现代化国家新征程、向第二个百年奋斗目标进军的关键时期，我们要以习近平新时代中国特色社会主义思想为指导，全面贯彻习近平总书记关于做好新时代人才工作的重要思想，在党管人才工作格局中找准职能定位、发挥职能优势，围绕建强壮大技能人才队伍，全力做好政策支持、服务保障等各项工作，为到2035年建成人才强国作出应有贡献。

奋进新征程，技能人才大有可为，技能人才工作大有作为。不断健全有利于技能人才成长发展的制度体系，营造尊重技能、崇尚技能的良好社会氛围，让技能人才有盼头又有奔头、有面子也有里子，就一定能开创新时代技能人才队伍建设崭新局面，为全面建设社会主义现代化国家提供坚实技能支撑和有力人才保障。

以提技能解青年就业难

2022 年 12 月 12 日

拿混凝土"造房子"的年轻人登上最高领奖台，00 后"刮腻子"成为世界冠军，小伙"拧螺丝"拧成世界冠军……最近，一群青年"刷屏"了。随着 2022 年世界技能大赛特别赛一场场赛事的落幕，我国青年技能军团一路披荆斩棘、斩获优异成绩，鲜艳的"中国红"成为领奖台上的耀眼风景。他们身披国旗闪耀世界技能之巅，展现了中国技能健儿的青春风采；他们顽强拼搏实现华丽蜕变，激励着更多青年踏上宽阔顺畅的技能赛道。

夺冠之旅，是一名名青年用技能书写别样人生的历程。我国 36 名参赛选手平均年龄 22 岁，最大的 24 岁，最小的 20 岁。他们中，有人与普高"失之交臂"，用技能打开人生另一扇窗；有人在学业考试上受挫，在技工教育中发掘出潜能；有人出于兴趣把游戏玩成艺术，成为世界级舞台上的"头号玩家"；有人从小立志把一件事做到极致，甘愿从"一张白纸"的学徒做起……一段段逆风飞翔的精彩人生，一条条奋发向上的圆梦之路，拓展着青年实现人生出彩、梦想成真的空间，展示出技能成长成才的广阔前景和无限可能。

媒体眼中的
2022年世界技能大赛
特别赛

　　做木工、刮腻子、拧螺丝、设计游戏……看似寻常的技能，却蕴含着破解青年就业难题的密码。一段时间以来，就业难和招工难并存，"有人无事干"与"有事无人干"同在，成为结构性就业矛盾的突出表现。一方面，推动产业升级、实现高质量发展，对技能人才特别是高技能人才的数量和质量提出更高要求、迫切需求。另一方面，青年技能人才供给受多方因素制约。不少青年不愿选择技能的背后，是尚未根本改变的轻视技能的社会观念、仍待完善的技能人才队伍建设体系等。用世赛选手的奋进故事展示劳动光荣、技能宝贵、创造伟大，用世赛成果传递绝技绝活的价值、弘扬精益求精的工匠精神，以世赛标准引领行业发展、完善技能人才队伍建设，必将激励更多青年走技能成才、技能报国之路，为缓解结构性就业矛盾、推动高质量发展添势蓄力。

　　世界技能大赛特别赛的部分赛事进行时，恰逢党的二十大召开。党的二十大报告把人才强国战略摆在更加突出的位置，彰显了党中央对新时代人才工作的高度重视。其中，无论是对建设制造强国、实施人才强国战略、实施创新驱动发展战略等的部署，还是努力培养造就更多大国工匠、高技能人才的要求，都让广大技能人才备受鼓舞、倍感振奋。不久前，中共中央办公厅、国务院办公厅印发《关于加强新时代高技能人才队伍建设的意见》（以下简称《意见》），从健全高技能人才培养、使用、评价、激励制度等多个维度打出组合拳，为高技能人才队伍建设提供了重要指引。将党的二十大对人才工作作出的重大决策部署付诸行动、见之于成效，推动《意见》对加强新时代高技能人才队伍建设的各项政策措施落地生根，让技能人才在事业上有干头、待遇上有奔头、生活上有甜头、精神上有劲头，就一定能吸引更多青年奔赴技能赛道，用一身好技能闯出就业新天地。

　　有技能，好就业。提高劳动者特别是广大青年的技能水平，是破解结构性就业矛盾的关键。期待更多青年转变就业观念、掌握一技之长，靠技能实现高质量就业，在成就个人事业中助力国家发展。

推动更多青年实现技能就业

2022 年 12 月 09 日

近日，2022 年世界技能大赛特别赛落下帷幕。我国派出的 36 名技能健儿在赛场上挥洒汗水，激扬青春，发扬执着专注、精益求精、一丝不苟、追求卓越的工匠精神，取得了优异成绩。他们不仅向世界展示了中国技能青年高超精湛的技能水平、昂扬向上的精神面貌、朝气蓬勃的青春风采，也充分证明了学技能、长本领也可以实现精彩人生。

近年来，我国技能人才队伍规模日益壮大、结构不断优化、素质逐步提高。截至 2021 年年底，我国技能劳动者总量超过 2 亿人，高技能人才超过 6000 万人。但是，技能人才的供给与需求还存在结构性问题。从数量上看，我国技能人才供给不足，技术工人仍然比较短缺，技能人才的求人倍率长期保持在 1.5 以上。从质量上看，技能劳动者比例偏低且结构不合理，技能劳动者占就业人口总量的比例和高技能人才占技能劳动者的比例均不高。总体来看，技能人才供需不匹配，劳动者技能水平不高，使得我国结构性就业矛盾凸显，招工难与就业难并存。

对于我国这样一个有 14 亿多人口、约 9 亿劳动力的大国来说，解决好就业问题始终是经济社会发展的一项重大课题。提高劳动者的技能水平，是缓解结构性就业矛盾的关键所在。党的二十大报告指出，要健全终身职业技能培训制度，推动解决结构性就业矛盾。让更多劳动者选择技能、学习技能、精进技能，就能在数量上弥补技能人才供给的不足，在质量上更好满足新形势下劳动力市场的需求，实现技能人才供给与需求有机衔接。

广大青年精力充沛、头脑灵活、学习能力强，处在学技能、长本领、增才干的重要人生阶段。只有不断学习技能、苦练本领、提升能力，才能实现青春脉搏与时代同频共振。马宏达训练时"舍不得睡"，靠千锤百炼实现抹灰与隔墙系统项目金牌零的突破；李德鑫做了上千个燕尾榫，布满老茧的双手与闪亮的金牌共同诉说技能成才的故事；侯坤鹏与唐高远用课后加练应对技能难题，整日泡在实训教室，用艰辛付出铺就通往最高领奖台的路……我国技能健儿用优异表现践行了技能成才、技能报国的青春誓言，用至高荣誉弘扬了"劳动光荣、技能宝贵、创造伟大"的时代风尚，有利于形成崇尚技能、尊重技能、成就技能的社会氛围。应当用好这些有利条件，不断提高广大劳动者的技能水平，推动更多青年实现技能就业。应健全技能人才政策制度体系，完善技能人才培养、使用、评价、激励机制，增强技能人才创新创造活力；大力发展技工教育，提升技工院校建设水平和育才功能；健全终身职业技能培训制度，进一步优化培训供给和结构，加强标准化建设，提升培训针对性和有效性。此外，还要健全完善职业技能竞赛管理制度，广泛深入开展职业技能竞赛，为优秀技能人才脱颖而出搭建平台。

技能是强国之基、立业之本。提高劳动者的技能水平，既是适应经济转型升级和劳动者就业创业的现实需要，也是促进高质量充分就业、保障和改善民生的重要一环。随着更多劳动者和青年持续学习技能、钻研技能，必将有效缓解结构性就业矛盾，助力高质量充分就业，推动高质量发展。

文：刘沐祺

【揭秘世赛】巅峰之后续写芳华
——世赛获奖选手的赛后人生

2022 年 11 月 30 日

他们在技能赛道上一路披荆斩棘，以精湛技艺问鼎世界技能之巅。

他们走下奖台，走向教室，以经验知识浇灌出更多的技能人才、工匠之花。

他们走进工厂、车间，潜心钻研，探索创新，推动传统产业加"数"添"智"。

他们奔赴军营、征战商海，在最美好的年华里追逐梦想。他们的奋斗故事激励新生代的年轻人投身技能报国的行列，他们自己也成为新一代年轻人的偶像。

传递使命：让技能之花"春色满园"

近日，2022 年世界技能大赛特别赛落下帷幕，摘金夺银的中国健儿带着荣耀回到祖国，纷纷开启新旅程。其中，不少世赛获奖选手实现了学生到教师、教练的华丽转身，完成了从追梦者、圆梦者到筑梦者的蜕变。

"先教学生们调解最基础的传感器硬件，接着教他们装配机器人，然后给学生们设置赛题任务……"谈起教学，漯河技师学院教师侯坤鹏列出了一长串计划。

媒体眼中的
2022年世界技能大赛
特别赛

一个多月前,他和同校队友唐高远在2022年世赛特别赛移动机器人项目中勇夺桂冠。对于职业发展,这两个20岁左右的年轻人都选择了留校任教,虽教学资历尚浅,却"后劲十足"。"通过自身实践经验、竞赛经历激励学生们积极参与职业技能竞赛,努力带出一批本领过硬、为国争光的技能人才。"唐高远说。

冠军不是终点,而是起点。回校后,侯坤鹏思索最多的就是如何将世赛经验、世赛成果应用到实际教学中。"带着荣誉出发,切实肩负起时代赋予技校教师的重任,不断增强自身本领,提升教学技能,为国家发展培养更多高技能人才。"

"第1761天,我拿到了世赛金牌!"身披国旗,站上最高领奖台,感受着掌声与欢呼声……想起摘金时刻,陈新源仍然心潮澎湃,他说:"接下来,我将帮助更多技能青年在世赛舞台上闪耀光芒。"在摘取2022年世赛特别赛云计算项目金牌后,陈新源毅然选择留校任教。

近年来,越来越多世赛获奖选手加入教师队伍。2021年《世界技能大赛参赛选手职业发展情况调查研究》显示,世赛选手获奖后留校任教或在工作单位任教的比例达73%,他们用奋斗点亮了出彩人生,也照亮了更多技能学子的追梦旅程。

"零件只有合格和不合格,有一个尺寸达不到精度都会影响零件的使用,只有合格的零件才能使其在部件的组装中更好使用,延长机械设备的使用寿命……"在江苏省常州技师学院智能装备学院,宋彪正在向学生们讲解专业内容。

曾经在第44届世界技能大赛上捧回被称为"金牌中的金牌"的阿尔伯特·维达大奖的青涩少年宋彪如今已经成长为成熟的技校教师,在越来越多年轻人心中播撒下技能成才的种子。

除了留校任教,也有部分选手选择成为世赛教练。10月24日,捷报从芬兰传来,董青在世赛特别赛时装技术项目中获得金牌,接到消息的胡萍顿时红了眼眶,对她来说,有曾经夺冠的激动自豪,也有"引路人"的欣慰喜悦。

2017年,18岁的胡萍在第44届世赛时装技术项目上斩获金牌。5年间,她实

现了从学生到世界冠军,到技师学院教师,再到世赛教练的转变。

今年,作为世赛时装技术项目中国集训基地教练,胡萍对世赛选手董青进行了一个半月的训练和指导。"曾经,世赛夺金是我追逐的目标,如今,培育出更多的世赛冠军是我努力的方向。"胡萍说。

一批批载誉而归的世赛选手是技能成才、技能报国生动的实践写照。他们走上讲台,以自身经历向技能学子展示了技能之路绝非退而求其次的无奈之举,而是大有可为、潜力无限之选。在技能冠军们的灯塔效应影响下,将有越来越多的年轻人投入学习技能、热爱技能的热潮中。

扎根一线:攻坚克难尽显工匠担当

砌好一面12平方米的墙,别人需要一天,而他只用半天;平整度误差标准是8毫米以内,而他可以控制在2毫米的范围内。

凭借精湛技艺,95后"小砌匠"邹彬在第43届世赛中夺得砌筑项目优胜奖,依靠扎实的砖头"绣花"功夫开启了技能成才之路。

"三百六十行,行行出状元!这是一个崇尚技能的时代,只要努力拼搏,人人都可以出彩!"邹彬说。凭借世赛优异表现,他被破格录取为中建五局总承包公司项目质量员。在工作中,他潜心钻研技能,快速成长为公司项目质量总监。

"从砌筑工到质量管理员,我深刻认识到砌筑不再只是吃饭的工具,而是'品质保障,价值创造'沉甸甸的担子。"工作中,他严格要求新工人将每一个细节做到位。

随着时代发展,新情况新问题层出不穷,邹彬更加意识到培养高素质技能人才的紧迫性。他领头成立了"邹彬劳模和工匠人才创新工作室",为各个重点工程项目解决质量管控难题,带领年轻技术工人进行创新实践。

新时代给予技能人才成长动力与活力,蓬勃发展的工匠队伍亦回馈时代以惊喜。

一手拿焊枪,一手拿防护罩,专注焊接……这是裴先峰日常的工作场景。飞溅的焊花如同散落的星光，闪耀着他的人生。

2011年10月，在第41届世赛上，年仅21岁的裴先峰夺得银牌，这是我国选手在世赛中取得的第一枚奖牌。回国后，他主动回到一线焊接队伍，投入多个大型石油化工项目建设，还跟随海外项目队将中国工艺带向世界舞台。

最近两年，裴先峰奔走在各重点项目现场，解决了全位置熔化极气体保护自动焊焊接密气过多等技术难题，同时为大力推进管道自动焊应用和提高管道自动焊焊接利用率不遗余力。

"没有高学历，技术一样可以展示自己、证明自己。企业、政府提供平台，我们做技术的可以通过多类渠道展示自己，实现人生价值和社会价值。"裴先峰说。2016年，他怀揣着培养更多优秀焊工的愿望，来到了中国石油工程建设有限公司第一建设公司焊接研究培训中心，成为培训中心最年轻的焊接专家，负责一线技术服务、选手培训、员工集训等工作。

"把工业技术牢牢掌握在自己手里才是王道，希望年轻焊工们都能朝着大国工匠迈进，在时代发展大潮中成长。"他充满期待地说。

凭借过硬本领，扎根企业生产一线的世赛选手在工作上创造了一个又一个佳绩。经过不懈奋斗，孔元元成为一名出色的Java工程师，获得业务突破奖、五星员工等众多荣誉。杨山巍成为了上汽集团样板技师，为建设制造强国贡献青春力量。

无悔追梦：新领域续写人生传奇

"世赛照亮了我的梦想，更照亮了我前行的道路。"从问鼎世界技能之巅到穿上戎装，献身国防，今年21岁的胡耿军追梦不止，以实际行动谱写了灿烂的青春篇章。

2019年，胡耿军和队友郑棋元一路披荆斩棘，在第45届世赛上，为中国摘得世界技能大赛移动机器人项目首金。2020年，他被保送到天津职业技术师范大学；

2022年,他选择投身军营。

"我从小就喜欢看抗战和军旅题材的影视作品,很早心中就种下了'参军入伍'的种子。"胡耿军说,从技校到世赛,到大学,再到参军,自己用不同的方式报效祖国。

走出广东揭西县的小山村,进入技师学院,站在世界技能舞台,就职于中国空空导弹研究院,林春泷自己也没想到会拥有这么传奇的人生。工作上,他坚持做到精益求精,把数控加工精度误差控制在0.01毫米之内。凭借出色的工作表现,如今27岁的他已经是大国工匠鲁宏勋班组"航空鲁班"的副班长、导弹研究院的技术骨干。

如何提升技工教育吸引力?怎样增强技能人才的认同感?如何破解结构性就业矛盾?这些问题始终在世赛冠军、全国人大代表杨金龙心头萦绕。

2015年,杨金龙在巴西第43届世赛上获得汽车喷漆项目冠军后,他坚持奋斗,还当选了全国人大代表,在履职期间一直在为技能人才培养出谋划策,为提升一线技术工人社会认同感和福利待遇四处奔走。

切削、旋转、打磨……在陈泽锟手中,平平无奇的木头变身成了各式家具。在第44届世赛中获得精细木工项目优胜奖后,陈泽锟没有选择进企业或学校,而是开启了创业之旅,成立了木艺公司,将世赛经验和知识技能运用到红木家具生产销售和研究,全力打造自己的红木家具品牌。

学无止境,续力前行。还有一些选手选择升学深造或海外留学,给自己"充电"。例如,第41届世赛CAD机械设计项目优胜奖获得者魏骏杨毕业后选择留学深造,到德国奥尔登堡大学读博士;第44届世赛移动机器人项目铜牌获得者梁灶容选择到天津职业技术师范大学本科学习。

青春不落幕,梦想正起航。世赛为技能青年打开了一扇窗,让他们看到了崭新而宽广的天地,更为众多的技能人才插上了梦想腾飞的翅膀,助力他们探索未知,奋勇拼搏,不断书写新的辉煌。

记者:王东丽

媒体眼中的
2022年世界技能大赛
特别赛

【揭秘世赛】"造星工厂"的工匠精神
——技工院校技能报国的育才实践

2022年12月12日

21枚金牌、3枚银牌、4枚铜牌、5个优胜奖，金牌榜和团体总分再次位居世界第一，在刚结束的2022年世界技能大赛特别赛上，中国参赛选手称雄世界技能之巅。

放眼世界技能大赛发展历史，中国的参赛之路并不长；聚焦每位选手的成长历程，奖牌的锻造之路并不短。每一块奖牌背后都浸润着选手们日复一日的汗水，凝聚着参赛团队的辛勤付出，更少不了孕育技能梦想的摇篮——技工院校的精心培育。

回望来时路，从青涩技能学子到世界奖牌得主，技工院校不断创新育才体制机制，以"工匠精神"锻造"制造者"，为年轻一代能工巧匠铺就一条技能成才、技能报国的澎湃之路，更为提升"中国制造"水平夯实基础。

夺奖——凝聚多方合力闪耀世界舞台

"3名选手代表中国参加云计算、3D数字游戏艺术、平面设计技术项目，获得'两

金—优胜',这不仅是深圳选手参加世赛首次摘金,也是中国代表队首次在前两个项目摘金,双双实现金牌'零的突破'。"深圳技师学院党委书记罗德超高兴地说。

好消息也从广东省技师学院传来。"2名选手斩获2枚金牌,其中可再生能源项目获得的是该项目的历史首金,电子技术项目则是实现了该项目中国的二连冠。"学院相关负责人告诉记者,两个项目的筹备时间都超过两年。

机会总是留给有准备的人,竞争奖牌更是如此。对于获得"2金1银"的广东省机械技师学院而言,全力备赛从未间断。"得知第46届世界技能大赛取消后,我们没有放弃希望,后来确定参加特别赛,大家都深受鼓舞并主动加大集训力度,全力冲刺。"该院相关负责人介绍。

"过五关斩六将,层层选拔脱颖而出。"这是获奖选手的比赛历程,也是技工院校和人社部门共同投入的过程。从市赛、省赛、国赛的选拔,进入国家集训队,再经过队内多轮选拔成为代表中国参赛的选手,技工院校不仅要对应优势项目组建团队,制定训练方案指导训练,带队参加各级选拔赛;也要从技术创新、器材采买到后勤保障做足充分准备,在师资、经费、平台、服务等多方面做好统筹。

"教练团队既专业化,也年轻化,平均年龄约28岁,有着初生牛犊不怕虎的拼劲。"浙江建设技师学院院长钱正海说,第45届世赛时,学院曾派出颇具潜力的马宏达到喀山决赛现场观摩,那次体验也为他赢得特别赛抹灰与隔墙系统的金牌提供了帮助。

为保障选手日常训练的体能和成绩的稳步提升,不少技工院校在经费上给予大力支持。广东省机械技师学院相关负责人表示:"按照世赛标准和要求采购相关设备,布置集训基地,数控车、数控铣、增材制造等六个项目都是高投入高消耗项目,加上梯队选手等各方面投入,平均每个项目投入资金达1000万元左右。这些投入既保障集训队选手的培养,为基地购置的相关设备设施也可用于教学,供学院相关专业学生使用,培养优秀选手的同时提升整体教学质量。"

赛前冲刺阶段，筹备工作则更全面细致。技术上紧密联系项目专家组长，密集开展邀请赛、对抗赛；后勤保障上让选手训练时没有后顾之忧。在国外比赛，各院校组建以院长为团长的保障团队做好一线服务。深圳技师学院专门邀请心理专家到校为选手进行深度心理指导；漯河技师学院在法国比赛时专门为选手定制中餐，并配置与赛场一致的训练器材；天津市电子信息技师学院每天为选手进行赛后总结及待竞赛模块的技术辅导、策略分析……

方方面面的付出和努力，让参赛选手们满怀信心出战，最终以出色的表现闪耀世赛舞台。

传承——弘扬世赛精神点亮技能梦想

对大多数技工院校而言，获得世赛奖牌并非一届之力，也不止两年之功。奖牌背后，有国家对技能人才的重视、各级人社部门对世赛的重视，也有学院悠久的专业积淀、各具特色的育才模式，还有各界对世赛的宣传鼓舞、前辈选手的指导教学……在技工院校，传承的不仅是专业知识，一届届获奖选手点亮技能梦想的世赛精神，也激励着更多青年拼搏奋进、再攀高峰。

"学院有一套成熟的竞赛选手选拔机制，采取'多途径选拔生源、分层次集中训练、依梯队进行培养'原则，引入竞争淘汰机制。"广东省机械技师学院相关负责人表示，新生入学后，通过分层海选组建竞赛班，进行强化训练，梯度培养，边学习、边训练、边参赛、边分流，公平公正选出优秀选手参加省赛、国赛、世赛，直至成为金牌选手，这是数控铣项目连续四届获得金牌，数控车蝉联冠军的重要原因。

依托这一机制，大批拔尖选手纷纷涌现，并在历届世界技能大赛中取得优秀成绩，他们也成为技工院校培育新选手、再次登顶世赛舞台的重要力量。

"学院自2014年与世赛结缘后，共取得2金1银1优胜的成绩，获奖选手基

本都留在校内任教。这次比赛看似是两年多的筹备时间,实则是几届师生的世赛传承和接力。"钱正海笑着说,学生未必都知道院长的名字,但肯定都知道金牌得主的名字。

在天津市电子信息技师学院的校园实训基地里,备赛的"长明灯"也照亮着一代代技能人才的报国梦。信息网络布线项目银牌得主张洪豪告诉记者,当他的教练韦国发取得第45届世赛银牌时,"技能报国"的信念便在他心里扎了根。4年来,师徒俩并肩作战,见招拆招,最终捧得奖牌归来。

"在备赛和训练中提升技能,传承世赛精神,点亮更多学子的技能梦想。"副院长杨红梅表示,学院高度重视、团结一心备赛,仔细研究赛制标准和相关设备,加强与国内外知名企业的合作,从各方面为选手提供最大支持保障,为夺奖之路护航。自2012年以来,学院已获得世赛1金2银1铜的骄人成绩。

"国家越来越重视职业技能教育,各方投入越来越大,比赛机会也越来越多,技能之路大有可为。"漯河技师学院电气工程系副主任王博感慨,新生入学后,他会安排观看女排电影《夺冠》,为其注入拼搏奋斗、为国争光的"强心剂"。

此次漯河技师学院两名选手斩获移动机器人项目金牌,是该市职业院校学子首次获得世界级奖项,也实现了世赛史上河南省金牌"零的突破"。据悉,获奖选手正总结整理项目学习、备赛、参赛经验,以分享给梯队选手,之后将留校任教。

辐射——厚植职教沃土书写育人新篇

培养拔尖选手赢得世界级奖项,为祖国和人民赢得荣誉,这是每所技工院校的光荣使命,也是我国职业教育发展实力的绝佳证明。每一块奖牌都代表着该项目达到世界顶尖水平,更反映出各职业院校领先的专业优势和发展潜力。

"我们深耕建筑技工教育40多年,在世赛推动下,逐步实现竞赛理念转化为办学理念、竞赛技术标准转化为课程标准、竞赛训练方法转化为一体化教学方法、竞赛内容转化为教学内容，相关专业成为学院优势专业、重点专业、品牌专业，教学质量大幅提升，高端人才不断涌现。"钱正海告诉记者，近五年先后培育了17名全国技术能手、3名全国青年岗位能手和十余名省级高端技能工匠。

在深圳技师学院，此次的参赛项目都是深圳发展的支柱产业范畴，属于深圳"十四五"规划中的未来将重点打造和培育的"20+8"产业集群。"我们提出'人文内涵+技术技能+数字化素养'的新职业教育理念，坚持产教融合办学，打通产业链、人才链、创新链以及教育链衔接配合，协同育人的机制，为'双区'建设提供强大的技术技能人才支撑。"罗德超介绍，信息与通信学院先后与华为、亚马逊、腾讯等行业龙头企业签订了校企合作协议并制定了科学的人才培养方案。

"我在校期间考取了华为云计算 HCIE 和亚马逊 AWS 专家级解决方案架构师 SAP 两个行业内的顶级认证，这为我夺得云计算项目冠军打下了专业基础。"金牌得主陈新源说。

依托优势专业、积聚各类资源助力选手登上领奖台，与此同时，赢得世赛奖牌也发挥辐射作用，进一步扩大职业院校的影响力和专业的吸引力，这激励着职业院校更精准地以世赛为引领，高标准培养高素质技能人才。

"参加世赛后，积累了丰富的竞赛和选手培养经验，锻炼了大批教练专家和骨干教师。成立了世界技能大赛成果转化与高技能人才培养研究中心，强化世赛成果转化，推进竞赛技能标准转化为教学实训内容等10方面工作。"广东省机械技师学院相关负责人表示，近年来，学院组织编写校本教材/工作页51本，组编出版教材26本。下一步，学院还将落实制度建设、三校整合、南海校区建设、各级职业技能大赛、高水平技师学院建设等重要工作。

"践行世赛精神，通过金牌引领、乘势而上，强化学院的品牌优势，加快资源要素聚集，抓好世赛成果转化，深化人才培养模式改革，持续优化专业结构，推动人才培养供给侧与产业需求侧在结构、质量、水平上相适应。"广东省技师学院相

关负责人介绍,同时不断提升招生就业质量,通过加大高中生源招生提升高级工以上层次学生占比、进一步开展学制技师培养,与大型骨干企业、省级产教融合型企业等共建校内外实习实训基地,提高优岗就业率和学生就业满意度,把好出口关。

征途未有穷期,奋进永不止步。广大技工院校负责人一致表示,接下来将积极贯彻党的二十大精神,厚植沃土推动职业教育高质量发展,努力为国家和社会培养更多高技能人才,为服务人才强国战略作出新的更大贡献。

记者:杨勤

媒体眼中的
2022 年世界技能大赛
特别赛

【揭秘世赛】崇技重技　前景无限
——从世赛获奖选手成长看技能人才成才通道

2022 年 12 月 13 日

技能赛场上，他们奋力拼搏，追逐梦想；走下领奖台，他们站在新起点，开启新征程。

从世赛选手到高技能人才，越来越多的世赛选手渴望在比赛之后得到进一步成长发展。以世赛选手为引领，从国家到企业通过重金激励、授予荣誉、职称直通等方式让人人皆可成才，打造了一条属于所有技能人才的成长之路。

重奖——让技能成才之路深入人心

1 个月前，漯河技师学院学子侯坤鹏、唐高远在世界赛场上叱咤风云、披荆斩棘，获得移动机器人项目金牌。如今他们回到祖国，回到家乡，从学生变成教师，开启人生的新征程。

市委书记亲自会见，现金奖励，发放教师聘任证书……一系列重磅奖励，让侯坤鹏有些受宠若惊。

"这些奖励让我们觉得,所有的付出和辛劳都是值得的。"侯坤鹏说。11月25日,他和唐高远受聘留在学校任教,期待在未来的日子里,把自己这几年来的所学所练、所见所得留给学弟学妹们。

历届世界技能大赛后,从国家到学校及社会各界对获奖选手的奖励与日俱增,国家对于世界技能大赛及获奖者的重视程度前所未有。以第45届世界技能大赛为例,人社部对金、银、铜牌获得者均有丰厚奖金奖励。广东、浙江、山东、江苏、四川等地,也对获奖选手授予相应荣誉。

"这既是奖励,也是责任。"第45届世界技能大赛砌筑项目冠军选手、广州城建技工学校教师陈君辉说。载誉归国后,除了人社部和广东省奖金奖励,他还得以晋升高级技师职业资格。2021年,陈君辉获得广东省五一劳动奖章,在自己的技能成才路上越走越远。

除了物质奖励,世赛选手还得到政治待遇上的提升。第43届世界技能大赛喷漆项目冠军、杭州技师学院教师杨金龙,除了国家、浙江省、杭州市、学校所在桐庐县的奖金奖励,他还当选市杰出人才,浙江、杭州最美人,成为浙江省授予的第一个特级技师,获得省五一劳动奖章、全国技术能手等称号。2018年,杨金龙当选为全国人大代表,履职过程中积极为技术工人建言献策。

据世界技能大赛中国(广州)研究中心发布的《世界技能大赛参赛选手职业发展情况调查研究报告》统计,参加第41届至45届世赛的选手中有127名选手获得"全国技术能手"称号,占中国参赛总数179名选手的70.9%,还有选手当选人大代表、政协委员,参政议政人数比例大幅上升。

"这些奖励,不仅是对技能人才的极大鼓励,更能调动社会各界培养技能青年、对技能'高看一眼,厚爱三分'的积极性,具有明显的'杠杆效应'。"杭州技师学院院长邵伟军说。

来自国家、各地政府的奖励,无论是物质上还是政治上的,都表达了国家对技能人才的支持和激励态度，让这些世赛选手备受关注、倍受认可，进而提升他们对事业的积极性，成为技能事业进步和发展的参与者和推动者。

成长——拓宽职业发展通道助推成长成才

"传承学到的技术，获得更多人的认可，取得更大的提升。"本届世界技能大赛特别赛抹灰与隔墙系统项目冠军、浙江建设技师学院学生马宏达在谈到未来的目标时，期盼能有更多的发展机会。而他的心愿，也即将一一实现：依照浙江省特级技师制度的相关条款，他有望从"初级技师"直接跃升成为"特级技师"，享受教授级高工的相关待遇。

"世赛获奖选手"的头衔，让他们在职业发展上有更高更广的突破。各地、各企业正探索一系列培育、激励措施，为世赛获奖选手提供更多成长空间。

《世界技能大赛参赛选手职业发展情况调查研究报告》显示，世赛参赛选手的职业技能等级和专业技术水平，在职业发展过程中获得显著提升。高级技师增长433.3%，特级技师从0增加到4人；中级职称增长450%，高级职称增长1500%，正高级职称从0增加到5人。

"世界技能大赛对我的影响特别大，不仅让我找到了自己的事业，还明确了未来的方向。"第43届世界技能大赛美发项目冠军聂凤，在世赛夺金归来后，便把世赛标准引入教学，作为推动行业未来发展的目标。在获得冠军后，她不仅被破格提升为副教授，还有了以自己名字命名的国家级技能大师工作室。

政府为世赛获奖选手增设"直通车"，企业为世赛获奖选手开通向上通道。年仅25岁的第45届世界技能大赛焊接项目金牌选手赵脯菠，已成为中国十九冶集团有限公司首席焊工技师。据赵脯菠的师傅、培养了3名世界冠军的十九冶公司焊工高级技师周树春介绍，公司为世赛选手开出正处级干部的工资待遇，并鼓励他们前往生产一线，担任项目负责人，在技术、管理层面发挥更大能量。

以世赛选手为引领，技能人才上升的"天花板"正不断被打破。人力资源社会保障部将原有的五级技能等级延伸为八级，企业推行特级技师、首席技师制度，为技能人才增设更多更高的技能成长阶梯；多地实现技能人才评价方式和内容上的突破和创新，将技能人才评价权下放至企业，明确高技能人才与专业技术人才发展贯通的对应关系，打通技能人才发展"立交桥"，让人人皆可成才、人人尽展其才。

"增设技能人才成长通道后，调动了年轻员工学技术、比技术的积极性，公司用工素质能力得到极大提升，生产力得以长足发展。"全国首批首席技师评聘企业中能建集团负责人介绍，随着特级技师的评聘、技能人才培养与技能等级认定的积极开展，企业2021年全员劳动生产率提高了11%，人均营收、利润分别增长46%、38%，名列电建企业前茅。"今年的招聘中，越来越多的年轻人愿意从事技能岗位。"

共识——搭建技能成才人生出彩的舞台

重奖"杠杆"，撬动的不仅仅是世赛获奖选手的成长通道。目前，各地正把对获奖选手的激励政策视为对中办国办《关于提高技术工人待遇的意见》《关于加强新时代高技能人才队伍建设的意见》的具体举措有效推进。利用世赛效应，拓宽技能人才成长通道，使"有技能、好就业，长技能、好就业，高技能、好就业"成为社会共识。

从安徽农村家庭出生的小伙，到可直接办理上海落户、破格被上汽录用，第45届世界技能大赛车身修理项目冠军徐澳门的人生之路，因为学技能而改变。"一路走来，政府、学校和企业对我的帮助特别大。"如今的徐澳门，已经是上汽通用整车制造工程部试制车间的骨干技师。他坦言，没有这些扶持和帮助，自己便不会有通过勤奋提升技能水平，实现发展的机会。

上海市人社局相关负责人介绍，上海市对世赛获奖选手、专家教练以及在竞赛工作中作出突出贡献的单位和个人给予奖励，在人才引进、职称评定、评选表彰等方面予以政策倾斜。

"我们正会同相关单位在调研基础上修订完善本市职业技能竞赛奖励政策体系，鼓励选手及相关个人、团队在重大赛事中争创佳绩，为进一步促进技能竞赛健康发展提供制度保障。"该负责人表示，近年来，上海市逐步建立以政府表彰为引领、行业企业奖励为主体、社会奖励为补充的高技能人才表彰奖励体系。

一方面，各地制定并落实世赛获奖选手激励政策，体现了对技能人才工作的高度重视。另一方面，利用世赛选手的旗帜效应，掀起了社会各界支持重视技能人才工作的新热潮，形成了技能人才工作的更大合力。

"技能让我走出山村、走出工厂，走上世界舞台。希望更多年轻人像我一样，用技能绘就美好未来。"第45届世界技能大赛商品展示技术项目银牌选手罗丽萍，拒绝了企业的高薪，选择留在广东省轻工业技师学院。"我选择留校任教，就是希望用自身例子，激励更多农村学子学习一门技能，帮助他们走向社会。"

通过探索世界技能大赛对培养高技能人才的借鉴意义，广东实施"粤菜师傅""广东技工""南粤家政"三项工程，基本建立起以技工院校为基础、以培训基地和技能大师工作室等平台为依托，以职业技能提升行动为抓手的培养平台。

记者：赵泽众

"技能中国"
微信公众号

媒体眼中的
2022年世界技能大赛
特别赛

2022年世界技能大赛特别赛化学实验室技术项目选手姜雨荷：荷若盛开　清风自来

2022年10月14日

姜雨荷，一个充满诗意的名字，一个清秀爱笑的女孩。2002年5月，她出生在河南南阳一个农村家庭。2017年，中考失利的她，远赴他乡打工。2018年3月，姜雨荷再次走进学校，成为河南化工技师学院的一名学子。自此，她便走上了技能成才、技能报国的道路。

一路追梦　一路风景

步入学校的姜雨荷，踏实、认真。在学校里，她第一次知道了世界技能大赛，第一次了解了那些"技能达人"的拼搏付出。正是在这时，她萌生了一个坚定的想法，参加世界技能大赛选拔，争取也能站在技能大赛的舞台上，不负青春，不负自己。

2019年5月14日，姜雨荷第一次"试水"世界技能大赛选拔，经过面试、素质考核、理论考核、技能考核，她以微弱优势，进入了学校化学实验室技术项目集训队，正

式开始了她技能大赛的征程。

在校集训队,她的成绩不太理想,一直都是中下游,虽然老师相信她是一个潜力股,但心仍是悬着的,毕竟最终要靠成绩决定胜负。

然而,随着训练时间增加,姜雨荷的潜质逐渐显现,成绩也逐步提升,她在学校选拔赛中一举夺魁,代表学校参加第 46 届世界技能大赛化学实验室技术项目河南省选拔赛,还拿到了第二名,顺利进入河南省集训队。

河南省集训队里高手如云。起初,姜雨荷心里是没有底的。她一边虚心向其他优秀选手学习,一边在指导教师帮助下,提升强项、弥补不足。

"我最大的优势,就是心态比较好吧。"这是姜雨荷最引以为傲的。"结果是什么,我无法控制,我能做到的就是努力,再努力!"经过三轮集训考核,姜雨荷最终成为河南省正选选手,获得了代表河南省参加中华人民共和国第一届职业技能大赛的资格。

2020 年 12 月 10 日至 12 日,中华人民共和国第一届职业技能大赛在广东广州举行。经过 3 天的比拼,姜雨荷终于为河南代表团赢取了一枚宝贵的铜牌,圆了自己近两年奋勇拼搏的梦想,也顺利进入了国家集训队。

选择远方 风雨兼程

在国家集训队里,姜雨荷给人的第一感觉就是活泼开朗,脸上始终洋溢着灿烂的笑容。

"爱笑,是她最大的优势,她一直都是训练场上、赛场上大家的开心果,有什么烦心的事情，从来都不会放在心上。"指导教师贺攀科这样评价姜雨荷。

然而，受新冠肺炎疫情影响，原定的国家集训队线下集训没能如期进行，训练也开始变得枯燥乏味。但姜雨荷还是守着训练场，默默地练习。

"既然选择了远方，便只顾风雨兼程，再苦再难我也会走下去。我不会考虑那么多，未来是什么，结果怎么样，我都无法预知。我能做的就是努力做好当下，做好自己每一天应该做的事。"

时间是最好的见证者，在日复一日的练习中，姜雨荷的技能一步步精进。她的英语水平也有了长足的进步，不仅能看懂较复杂的英文文献，还能用英文编辑、撰写实验报告。

世赛之旅　征途如虹

天道酬勤。2021年11月，在上海第46届世界技能大赛化学实验室技术项目中国集训队首次阶段性11进5的考核中，姜雨荷以优异的成绩取得第一名，晋级下一轮，此时距离她的目标，还有最后一步。

然而，命运却开了一个玩笑，因为新冠肺炎疫情，上海第46届世界技能大赛按下了暂停键。姜雨荷虽然深感遗憾和难过，但很快调整了过来。

在接到征战2022年世界技能大赛特别赛的通知时，她满怀感激："我要感谢我的学校、老师和家人。三年的世赛之路，他们陪伴我经历风雨，成就了现在的我。"

追逐梦想是一条漫漫长路，唯有坚持奋斗，才能好梦成真。姜雨荷眼里有光芒，她坚定地说："技如人生，我相信一步一个脚印，朝着前方走，总会欣赏到最美的风景。"

荷若盛开，清风自来。在2022年世界技能大赛特别赛的赛场上，年轻的姜雨荷期待再次绽放青春。

作者：海声

与中国制造业一起成长——聚焦世界技能大赛特别赛广东省机械技师学院三选手

2022 年 11 月 14 日

站上世界技能巅峰对决的领奖台，吴鸿宇、周楚杰、林伟桐的名字很快就被媒体报道出来，而他们的故事，也正在被更多人熟知。

2022 年世界技能大赛特别赛共 62 个比赛项目，分散在 15 个国家进行。德国承办了 9 个项目的比赛，中国队参加了其中的数控车、数控铣和增材制造 3 个项目的比赛，斩获两金一银，广东省机械技师学院的"三剑客"在 20 多支参赛队伍中独占鳌头。

一枚奖牌　众有荣焉

难度真的很大。增材制造作为世界技能大赛的新增项目，一是没有技术文件，没有样题，充满太多的不确定因素。二是考核的内容相对复杂，一共有 5 个模块，包括设计及优化、逆向工程、制造等相关技术。

媒体眼中的
2022 年世界技能大赛
特别赛

林伟桐

林伟桐说："这枚奖牌颁给了我，但是奖牌背后的努力和汗水却是一群人付出的。"

增材制造项目是世界技能大赛新设立的项目。它涉及的学科、设备、工艺、软件都非常多。以软件为例，这次比赛选手们要用到 3 至 4 个软件。世赛的评分项有 100 多项，可见其复杂程度。"00 后"选手林伟桐，是 2022 年世界技能大赛特别赛增材制造项目银牌获得者，也是该赛项里年龄最小的中国选手。

比赛不易，一路走来更不易。

出生于广东揭阳农村的林伟桐，2015 年进入了广东省机械技师学院学习模具设计专业。经过层层选拔，林伟桐进入了竞赛班学习增材制造技术。

林伟桐认为，选择学习技能，就是给自己的人生做"加法"，如同给空白的数字模型逐层堆积材料，慢慢把自己打造成有用之才。

提升专业技能没有捷径，唯有不断投入更多时间学习和训练。走进竞赛班，林伟桐进入了几乎没有假期的"状态"，夜以继日地钻研、训练。

"增材制造具有个性化生产的特点，对于产品的设计要求很高，学好这项技术，

不仅要掌握相关理论知识、精通生产工艺，还要满足客户需求。"

林伟桐说，能在广东省机械技师学院学习技能是幸运的。广东省机械技师学院与国内外200多家知名企业建立了"广东机械联盟"，共建了7个"校企双制"示范园，共建了16个实训中心，给同学们提供了很多接触企业生产、学习行业最新技术、操作先进设备的机会。

天道酬勤。2020年，林伟桐获得第一届全国技能大赛世赛选拔赛增材制造项目广东省选拔赛第一名和第一届全国技能大赛世赛选拔赛增材制造项目金牌。

这一次，林伟桐又在德国索斯特获得银牌，为我国选手征战世赛特别赛德国赛区画下圆满句号。

数控"双雄"　再传捷报

数控车和数控铣是加工零件的主要工具，更是高端制造必不可少的工具，具有高精密性。

2022年世界技能大赛特别赛数控车和数控铣等相关项目的比赛在德国举办，来自广东省机械技师学院的吴鸿宇、周楚杰信心满满地走向了赛场。

这两个项目考验的是参赛选手读图绘图、建模编程、合理选用测量工具并对产品进行准确测量的能力。数控铣的比赛要求将误差控制在0.02毫米以内，还原了生

周楚杰

吴鸿宇

产精密零件的过程,又高于企业生产的要求,所以比赛既接地气又充满紧张感。一场比赛往往要持续数天,对选手的心理和生理都是极大的考验。

吴鸿宇说:"整场比赛就像开赛车一样,我和其他选手开同一台车,第一天我开,第二天其他人开。第三天和第五天我再开这台车,车床会因为不同人的使用、碰撞造成一定程度损毁,即使修好了,也和我第一天开车时的状态完全不同。"

夺冠后,吴鸿宇表示:"技能成才这条路我没有选错,取得的成绩就是最好的证明。人生每个阶段,都能完成这个阶段的任务,这是我坚持下去的动力。"

夺冠后,周楚杰表示,特别感谢专家和教练的教导与照顾。在训练过程中,专家和教练言传身教,讲解演示各种操作方式,让自己在比赛中更加得心应手。

与中国制造同步向前

世界技能大赛为青年技能人才提供了展示技能的机会,吴鸿宇、周楚杰、林伟桐在这里走上了世界技能的巅峰。

广东省机械技师学院院长叶军峰认为,中国选手在大赛中屡次摘金夺银,代表着中国技能水平不断提高,显示了中国制造业的全面成长。

世界技能大赛数控车项目技术专家、北京航空航天大学教授宋放之认为,在过去20年里,伴随着制造业的发展,中国技能人才培养也取得了相当大的进步。

世界技能大赛作为青年技能人才重要的展示平台,诸多企业都提供了支持,助力世赛选

手对标世界标准,提升选手仪器测量的精度。

每一个冠军选手的背后,都有一批参加世界技能大赛的院校在支撑,都有一批精锐的制造业企业在助力。而中国制造业正在产业升级的轨道上,与技能人才的培养同步向前。

世界技能大赛特别赛会落幕了,但培养高水平技能人才永远在路上。未来,越来越多的吴鸿宇、周楚杰、林伟桐将出现在中国制造业的技能人才队伍中。

《北京日报》

媒体眼中的
2022年世界技能大赛
特别赛

这个大赛中国军团金牌第一，走进北京实训基地，揭秘"全球技能王"

2022年12月05日

　　捷报！2022年世界技能大赛特别赛62个比赛项目日前全部结束。中国代表团在参加的34个项目上斩获21枚金牌、3枚银牌、4枚铜牌和5个优胜奖，在金牌榜上名列第一！这超越了第45届世界技能大赛参加全部56个项目取得的历史最好成绩，金牌获奖率高达62%，参赛项目奖牌率高达97%，实现了新的突破。

　　这其中，北京4个项目基地选手摘金，2枚出自北京市工业技师学院牵头的数控车、数控铣项目集训基地，2枚出自北京市工贸技师学院牵头的时装技术、移动机器人项目集训基地。

　　金牌是如何诞生的？近日，记者走进北京市工业技师学院和北京市工贸技师学院，了解这个秘密。

全国比拼选出世赛选手

　　北京市工业技师学院世赛集训基地管理办公室主任李玲琪表示，学院已经连续

5届成为世界技能大赛数控车、数控铣项目中国集训基地，连续2届成为世界技能大赛水处理技术、机电一体化项目中国集训基地。这些基地参赛夺金率达到58%，夺牌率达到83%，总计摘得7金、2银、1铜。

在北京市工业技师学院的校园里，有一间巨大的"厂房"，里面整齐地排布着几十台数控机床。这里就是世界技能大赛数控车、数控铣项目中国集训基地，实训面

积约1600平方米，学院投入6000多万元，购入了与世赛同型号的13台机床设备和18台其他高端设备。

训练时，选手戴着防护镜，在车床前操作着一排排大大小小、红红绿绿的按钮。只见机器轰鸣，铁屑四溅，直线圆柱、斜线圆柱、圆弧和螺纹、槽、蜗杆等各种复杂的工件在喷射的冷却液中渐渐露出了雏形。

"第46届世界技能大赛原计划于2022年10月在上海举办。2020年，我国在广州举办了第一届全国职业技能大赛，这次大赛包含世赛选拔赛，单人项目前10名、团队项目前5名选手直接入围第46届世界技能大赛中国集训队。"北京市工业技师学院数控车、数控铣世赛集训中心主任何跃介绍。

单人项目最终只能有一人代表中国上场。2021年11月，10进5；2022年4月，

5进1。经过激烈角逐，最终，广东省机械技师学院的吴鸿宇和周楚杰分别拿下了代表中国出战数控车和数控铣项目的资格。

零件误差不超过头发丝的1/8

每天朝六晚十，只有春节放了一周假。整个集训队枕戈待旦，全力以赴。然而，就在大家摩拳擦掌，准备向金牌冲刺时，一个消息将他们打蒙了——因为疫情原因，原定于在上海举办的第46届世界技能大赛取消！

"所有人都很遗憾，尤其是吴鸿宇和周楚杰。他们备战世赛的蓄力时间超过两年。这两年多的时间里，同学已经毕业了，有人找到了不错的工作，有人考到了更高的学历……只有他俩，整日闷在'厂房'里备战。突然失去了目标，那种失落的感觉犹如整个人被掏空了一样。"何跃特别能体会两名选手当时的心情。幸运的是，集训队随队安排了心理辅导师，随时关注选手的心理状态，给予专业疏导。而心理抗挫，本身也是世赛训练中的一项重点内容。

到了7月份，一个好消息传来——世赛组委会决定，在15个国家分散举办2022年世界技能大赛特别赛，作为上海第46届世界技能大赛的替代活动。

希望重燃，训练恢复

又准又快！精准度和工作量是评判选手水平的两个重要考量因素。吴鸿宇利用数字程序操作机床，做出的回转性轴类零件误差不超过0.01毫米，相当于一根头发丝的1/8！

抗挫折训练依旧无处不在，周楚杰去吃顿饭的工夫，教练可能就偷偷在他的虎钳上做手脚，松掉上面的一颗螺丝。用这种人为设置障碍的方法，不断捶打选手的应变能力，提升他们应对挫折的心理素质。

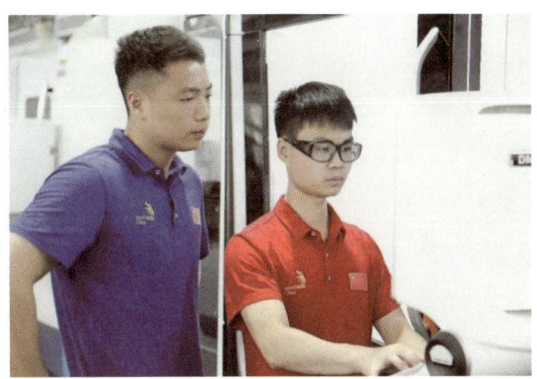

世赛标准引入国标课规

北京市工贸技师学院副院长贾芹芹表示，学院作为牵头基地，培养我国选手4次荣获世赛时装技术项目奖牌，3次蝉联该项目冠军；3次荣获移动机器人项目奖牌，2次摘金。"培养选手为国争光只是参加世赛的目的之一，我们同时希望在备赛的过程中逐步形成竞赛育人的培养机制，研究分析世赛引领的技术发展趋势、关键技术和职业素养要求，对我们的技能人才培养定位、培养目标和课程标准等进行补充完善，将世赛的成果应用到所有学生的培养中去。"

据市人力资源社会保障局相关负责人介绍，十年来，北京市各技工院校积极开展世赛带动的内涵建设等方面的实践研究，对接世赛标准，在教育教学改革、专业建设、社会培训等方面融入世赛元素，逐渐形成独具北京特色的品牌技工教育成果。例如，将世赛标准和元素进行提炼、转化，引入到环境保护与检验、数控加工、数控维修、服装设计与制作等专业，对《国家技能人才培养标准》和《国家一体化课程规范》进行校本转化，形成特色突出的人才培养目标和课程标准。世赛基地建设成果被实实在在地转化在推动技工教育内涵发展上，并取得突出成效。

记者：代丽丽

《解放日报》

媒体眼中的
2022 年世界技能大赛
特别赛

【冲吧,青年!】为中国拿下铜牌,却是零的突破! 她赴法参加这项奥林匹克,"搭档"10 个老外

2022 年 10 月 25 日

这项奥林匹克与众不同,每人参赛时长超过 20 小时,而且用外语与自己搭档"对手戏"的人,并非比赛对手。

10 月 23 日 20 点 30 分,从法国波尔多传来令人振奋的消息:经过连续 4 天激烈角逐,与 10 位"模拟病人"交手过招,来自上海健康医学院护理与健康管

理学院的 95 后女老师吴怡欣，代表中国队喜获 2022 年世界技能大赛特别赛"健康和社会照护"项目铜牌。

解放日报·上观新闻记者了解到，这是我国选手第二次站在"健康和社会照护"项目的世赛赛场上，不仅是我国在世赛舞台上该项目获得的首枚奖牌，也是我国在世赛史上首个"语言和技能并进"的拿牌项目，实现了历史性突破。

世界技能大赛被誉为"世界技能奥林匹克"，每两年举办一次，其竞技水平代表了当今职业技能发展的世界先进水平。2022 年世界技能大赛特别赛，成为 2022 年上海第 46 届世界技能大赛的替代活动，从德国到日本在多个赛区举行。10 月 19 日起，此次世赛特别赛法国赛区的比赛在法国波

2020 年作为护理学本科生的吴怡欣成为首届全国职业技能大赛金牌得主

媒体眼中的
2022年世界技能大赛
特别赛

尔多展览中心举行。

据悉，健康和社会照护项目的选手分别来自中国、瑞士、德国、法国、印度、芬兰、新加坡、阿联酋、泰国、西班牙、匈牙利、南非、克罗地亚、中国台北等14个国家和地区。按照世赛的考核要求，选手需在4天内完成医院、日间照护中心、长期照护中心、家庭4个模块、共10个案例病人的照护任务，总计16项工作，总工作时间达21个小时。这4个比赛日，吴怡欣的16项工作任务安排相对均衡，分别是4项、4项、5项和3项。

事实上，早在2021年健康和社会照护项目国家队首次阶段考核中，吴怡欣就以第一名的成绩获得了参加2022年世界技能大赛的入场券。在前期训练的基础上，针对大赛公布的赛题，由专家组长、专家、教练组成的备赛团队进行了为期

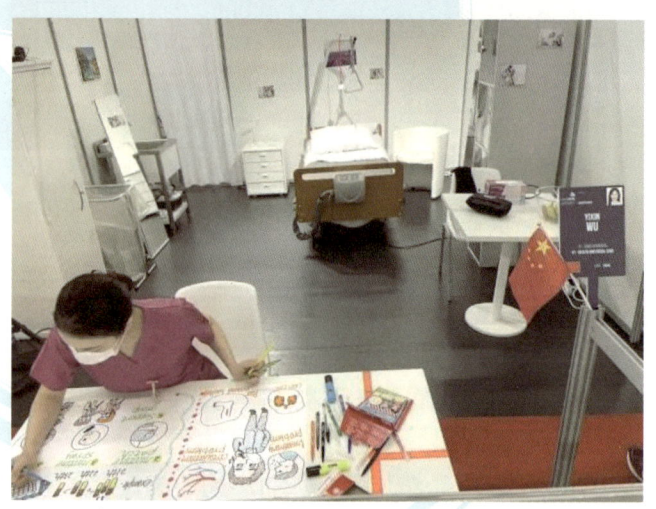

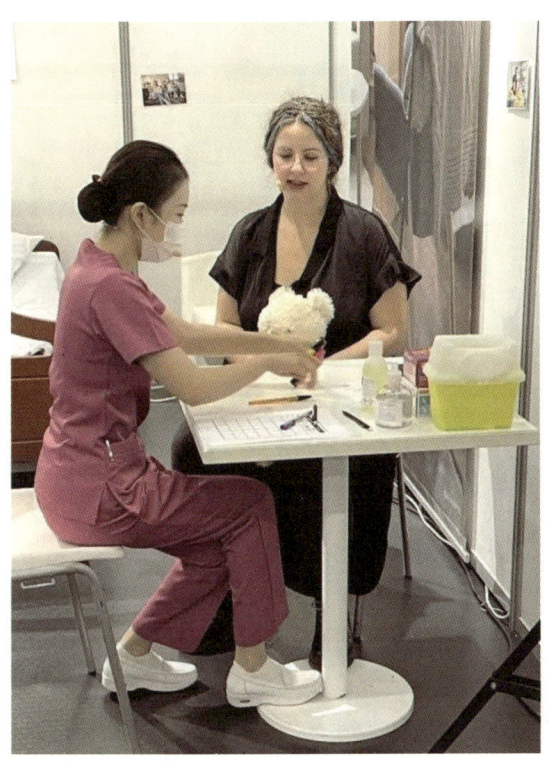

100天的冲刺集训，在牵头基地上海健康医学院和河南医药健康技师学院、重庆市卫生技工学校、山东医药技师学院、黑龙江省林业卫生学校5个基地大力支持下，组织了高强度的模拟考核，并与其他国家专家、选手进行线上指导和集训，整装待发，出征法国。

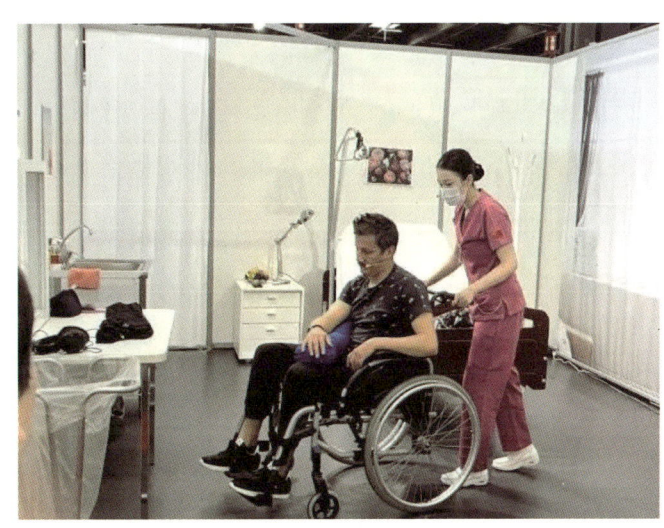

媒体眼中的
2022 年世界技能大赛
特别赛

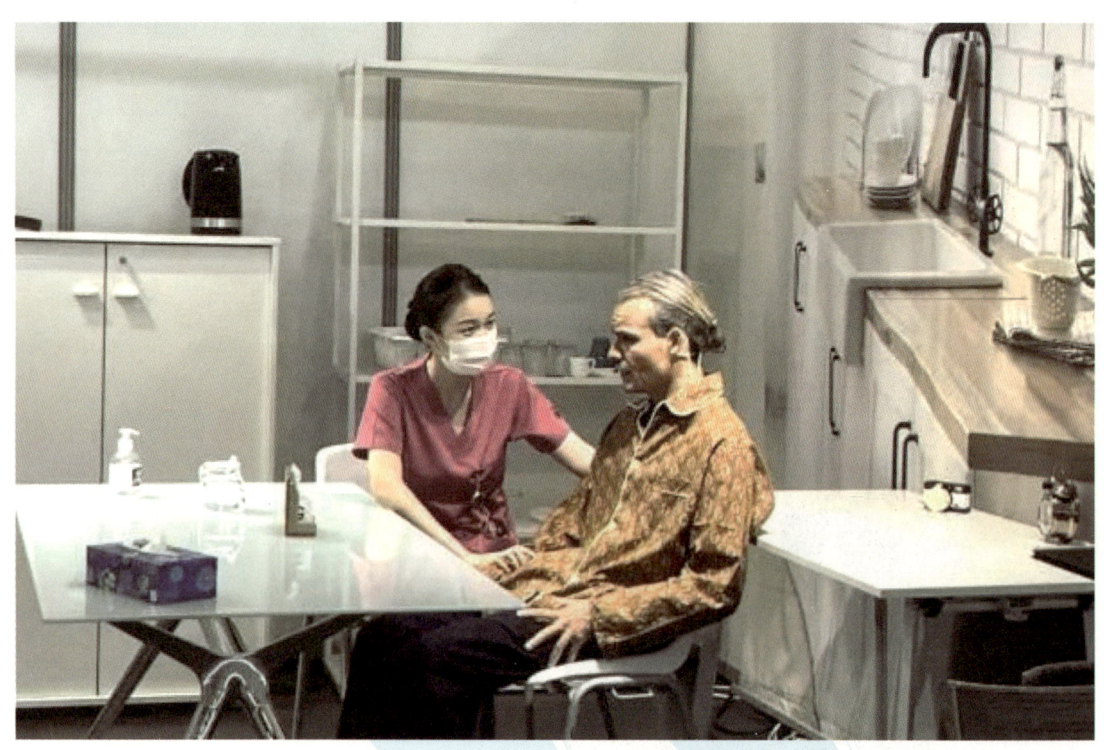

　　吴怡欣赛前 5 天抵达波尔多，她迅速调整到最佳状态投入比赛。赛场上的吴怡欣技艺精湛、温暖关爱、笑容灿烂、自信满满……面对膝关节术后伤口疼痛的病人，她用专业的技能缓解疾病给患者带来的痛苦；面对不想让妈妈离家上班的唐氏综合征女孩，她用甜美的歌声安抚了女孩无助的焦虑；面对车祸后截肢的空姐，她用倾听、理解和支持，给予病人强大的力量；面对找不到自己房间的阿尔茨海默病患者，她用智慧和温暖帮助病人找回深藏内心的那份珍贵；面对重度偏瘫失望无助的病人，她用精湛的技术和耐心的关爱帮助病人重拾信心。

　　吴怡欣赛场上的优异表现赢得了"老外"扮演的标准化病人们啧啧称赞，也赢得了裁判专家的高度认可，赢得了围观观众的阵阵喝彩，充分展示出上海健康医学院"应用型、特色性、国际化"的办学定位，也体现出护理与健康管理学院"技能与人文并重"的培养理念。

　　特别赛期间，备赛团队面对陌生的场地布局、未曾用过的物品设备、临时调整

的案例资料逐一攻坚克难。专家组长周嫣和翻译曾文琦陪伴选手在赛场认真钻研、精心设计；由护管学院院长朱爱勇、教练组长徐淑芹以及场地经理兼教练曹文婷组成的保障团队，针对调整后的案例反复打磨细节，精益求精；国内驻守教练贾建芳和周英华，每晚都守候在屏幕前直至凌晨，不顾时差随时准备连线指导。

  整个赛程中，人力资源社会保障部和上海市人社局相关领导每天亲临赛场，慰问选手，为选手加油鼓劲；相隔万里的学校学院领导和老师们也心系选手，频频发信息表达问候和关心。为了保证选手比赛期间吃上可口的饭菜,朱爱勇院长更是当起了"订餐和送餐员"。每当选手结束紧张的比赛任务,热腾腾、香喷喷的饭菜已摆在面前,被赞有技术、有温度、有情怀。

作者:徐瑞哲

《第一财经》

媒体眼中的
2022 年世界技能大赛
特别赛

"精细木工""刮腻子"成世界冠军，这些"00 后"还有哪些职业选择

2022 年 11 月 02 日

2022 年世界技能大赛（下称"世赛"）特别赛已经赛程过半。精细木工、抹灰与隔墙系统、移动应用开发、3D 数字游戏艺术、云计算……在已经完赛的 27 个项目上，中国代表团的年轻选手们在包括上述项目在内的 15 个领域中斩获金牌。

"我需要在规定的 4 天共 22 个小时内，利用现场提供的设备材料，完成杆件制作、榫卯连接、拼装、打磨和装配，最终完成作品。"已经于 10 月 30 日返沪的上海选手邵茹鹏是一位"00 后"选手，他在精细木工项目中获得了金牌。由于比赛在瑞士进行，语言环境、项目规则上并不占优势，"这就非常考验我们的技能基本功、训练熟练度和灵活应变的能力。"

邵茹鹏告诉第一财经记者，从赛场回归后，今后会以"教练"的新身份投入其所在的上海市城市科技学校（国家世赛训练基地）工作中，"我将在学校带教精细木工领域的 6 至 8 名学员，争取通过自身技能的传授，为国家输送更多这一领域技能人才。"

中国选手邵茹鹏参加2022年世界技能大赛特别赛精细木工项目比赛

提质升级的中国经济需要优秀的技能人才。此前,《世界技能大赛参赛选手职业发展情况调查研究》(下称《调查研究》)中提到,世赛选手获奖后留校任教或在工作单位任教的比例达73%,而部分选手则选择成为创业者。

作为职业技能领域的最高荣誉,世赛背后的人才职业规划、就业前景等,也是选手、教练等关心的共同话题。

中国选手刘泽龙参加2022年世界技能大赛特别赛电子技术项目比赛

255

媒体眼中的
2022年世界技能大赛
特别赛

代表世界最高水准

精细木工的最高水准如何体现？上海市城市科技学校副校长项国平表示，一方面是投影放样，这需要选手把图板上的线精准投放到杆件上，如果绘图不精细做出来拼接就会有缝；另一方面则是榫接加工，"裁判会用0.2毫米和0.4毫米的插片（塞尺）进行裁判，如果插进去了，那就表示这个缝大于0.2毫米，超过0.2毫米要扣分，超过0.4毫米就直接不得分了。"

邵茹鹏说，在精细木工项目中，加工榫接处是其中一个技术难点。此外，各个杆件之间的精确装配是否顺畅，装配完成后的稳定性与安全性等都需要考虑在内，"这就需要我们不断反复训练，以达到世界级的顶尖水准。"

本次世赛特别赛，中国选手获得了在精细木工、家具制作与木工项目上2金1优胜的好结果，世界级水准的意义何在？

世界技能大赛精细木工项目国际裁判、中国专家组组长，东华大学服装与艺术设计学院产品设计系主任余继宏在接受第一财经记者采访时表示，技术指导团队、选手都较好地掌握了木工领域的技术规则和训练要求；随着我国职业技能竞赛组织全面融入世赛，在全球范围内也拥有了更多的话语权。

"从生产制造层面来说，中国的家具制造、木构建筑、木制品加工、房屋装修等木工相关行业，也通过多年发展积累处于世界的第一梯队。"余继宏说。

木工领域选手的职业发展前景如何？余继宏表示，产业升级转型下诸如高品质的家具设计与定制、个性化的建筑设计建造与装修等，都需要更多掌握高技能的现代工匠去满足。

对于世赛木工选手在就业领域的发展，余继宏则表示：第一，优秀选手会进入地方乃至国家世界技能大赛的训练体系，后续担任未来各个省或者是国家集训队队员的指导教练或陪练，继续服务于中国的世界技能大赛的竞赛体系；第二，部分选

手可以自己开设工作室、创意木工坊等，以现代木工技能服务于社会经济；第三，由于选手们都很年轻，为了高水平的训练放弃了许多文化知识的学习，建议可以继续深造，争取通过理论、实践等多方面提升为我国技能人才培养储备更多力量。

技能促进"科教研"协同

记者了解到，在此次世赛"抹灰与隔墙系统项目"中勇夺金牌的浙江小伙马宏达也是一位"00后"小伙。"此次比赛中，最考验工艺和技巧的是针对6毫米厚度的石膏板进行吊顶、装饰，这就要克服石膏板材料、弧度带来的挑战。"马宏达说，包括石膏板、龙骨等材料的使用数量需要在最初设计时定下，比赛时的使用数量如果超出原有设定的部分都会被裁判扣分。

与邵茹鹏有着类似经历的是，马宏达也有着对建筑工程领域的一腔热爱，"从技能角度来看，空间隔断讲究灵活性，而石膏吊顶则讲究艺术性，两者在现有的装饰、装修环境中缺一不可。"

马宏达称，长期以来，外界对于职业技能人才的学历、教育水平存在一定"偏见"，"我更希望通过自身的努力，让更多人看到职业教育、技能学习的闪光点，学一门手艺、精通一项技术也能成为世界冠军。"

马宏达夺冠后与其他地区的参赛者们合影

媒体眼中的
2022年世界技能大赛
特别赛

世界技能大赛中国技术指导专家、浙江建设技师学院抹灰与隔墙系统项目主教练徐震告诉第一财经记者，对于世赛，前期专家和教练需要花一定的功夫去研究赛制、规则和国际标准，及时掌握一些国际上先进的新材料、新工艺，并融入现有的行业发展中去。这些都是不太被外界关注的。

谈及马宏达的职业发展前景，徐震表示，马宏达可以将世赛中的技术经验带回来，并通过带教（教练）的方式传授给更多学员。另外，也可以将这些技术通过"教科研"协同方式转化成为自己的课程、体系，来促进行业的进一步发展。

徐震也进一步表示，事实上，世赛所涉及的约60个参赛项目都涉及世界当下最具含金量的技能，也能为百姓、社会解决实际需求，除了他所带教的抹灰与隔墙系统项目外，建筑大类比赛项目中还包括砌筑、园艺等，既有传统技能也有新兴的技能，世赛平台的交流有利于将技术进一步转化为科研、教育。

"再以抹灰与隔墙系统项目为例，项目将抹灰、隔墙、贴石膏线条、装饰彩绘等汇总在了一起，培养的是复合型人才，这些复合型人才是我们当下职业技能人才队伍中稀缺而又能发挥关键作用的。"

更多配套措施待落地

记者了解到,除精细木工、抹灰与隔墙系统外,3D数字游戏艺术、数控铣、光电技术、可再生能源等都是此次中国选手的夺冠热门项目。

"我国传统工艺和互联网竞技人才都在世界级舞台上崭露头角,说明了技能人才在这两方面都很有竞争力。目前,我国技能人才虽然总体来说比较缺乏,但如果能给予技能人才相应的发展通道、奖励,则可以引导社会更加重视技能人才的待遇。"人力资源行业咨询机构第一资源创始人兼董事长刘红在接受第一财经记者采访时表示。

刘红表示,持续优化技能人才培养结构,将传统工艺和最新数字领域技术相结合,才能符合新时代背景下的复合型技能人才培训原则。

事实上,人力资源社会保障部在2021年7月发布了《"技能中国行动"实施方案》(下称《方案》)。《方案》提出大力实施"技能中国行动","十四五"期间,实现新增技能人才4000万人以上,技能人才占就业人员比例达到30%等目标。

为此,刘红表示,技能人才就业需要全社会重视。党的二十大报告提出"实施就业优先战略……健全终身职业技能培训制度,推动解决结构性就业矛盾"。

"《方案》发布后,一系列政策举措也不断出台,这也持续完善技能人才的培养、使用、评价、激励制度。"刘红称,但除此之外,建议还需要加强对于技能人才法规相关的法律体系建设,包括给予相应职称待遇、帮助家庭落户、子女教育、就医保障、相应待遇提升等。要不断完善保障技能人才成长环境和提升技能人才的社会地位,让人人尊重技能人才成为社会风气。

上述《调查研究》还针对世赛选手的职业发展提出了世赛专家型、技能大师型、技术管理型、技术研发型、艺术创新型5种世赛参赛选手职业发展通道的设想,并从政府、院校、企业、选手等多维度提出加强顶层设计、推动选手与其组织协同发展。

媒体眼中的
2022年世界技能大赛
特别赛

  为此，刘红也表示，对于世界级技能人才，他们未来的职业发展还要围绕该领域进行扩展并结合新技术，比如引入并结合数字化技术、三维视觉技术、元宇宙等才会更有国际竞争力，"此外，技能人才也要不断学习该领域更深层次的理论知识，并提升自己的学历层次，只有将实践和理论结合起来，才能成为自身领域的专家，未来的职业发展也会更宽广。"

作者：邹臻杰

天目新闻

媒体眼中的
2022年世界技能大赛
特别赛

"00后"技能人才闪耀世界
职业教育不再有"天花板"

2022年11月10日

9月中旬至11月下旬,被称作"世界技能奥林匹克"的2022年世界技能大赛特别赛在15个国家分散举办。在已完赛的27个项目上,我国共斩获15枚金牌。一时间,刮腻子、做木工、操作机床成世界冠军,成为网络热议话题。

长期以来,"上职业院校"被家长和社会看作"成绩差"的代名词,意味着孩子的职业生涯和人生"天花板"比接受普通教育低。而本次大赛的金牌得主,恰恰是平均年龄22岁、来自各个职业技术院校的小将。他们代表了各领域职业技能发展的世界先进水平,闪耀世界之巅,从一定程度上打破了固有偏见。

仍有网友和家长提出:夺得世界冠军的凤毛麟角,不具有代表性。目前,职业教育进入提质培优改革关键期。现如今的职业教育较过往有什么变化?接受职业教育真的会决定孩子的"天花板"吗?天目新闻记者走访职业技术学校,采访学生、院长及教育专家,解答职业教育"天花板"的疑虑。

职业教育 不止教一门"手艺"

"读书成绩不理想,就去学一门手艺养活自己。"这是很多职业院校学生家长的心声,这当中也包括本次世界技能大赛抹灰与隔墙系统项目冠军马宏达的父亲。

面对"刮腻子成世界冠军"的说法,马宏达在接受天目新闻记者采访时表示,其实比赛并不是"刮腻子"这么简单,项目分5个模块,"刮腻子"只是其中之一。相较于技术,他觉得比赛对心态的考验反倒更多。他举了两个例子,在自由创意环节,自己用心雕琢的鸽子掉在地上摔成四瓣,而时间已经不允许再雕一只。这种情况下,他从地上捡起破碎的鸽子用502胶水粘好,按时完成作品。此前,因比赛时间变更,大赛取消的说法也不绝于耳,精心备战五年的马宏达因压力胖了30斤。比赛时间确定后,因体重会影响发力,他又顶着压力,在短时间内减重、恢复身体状态,还利用各种空余时间补习了英语。

马宏达(右三)

媒体眼中的
2022年世界技能大赛
特别赛

　　马宏达的教练徐震认为，能够成为"国手"，技术不是最要紧的部分，听指挥、有执行力、做事动脑子，才是"往高处走"的基础。"肯吃苦、认准的事一头扎进去、肯钻研、有想法"是徐震从马宏达身上看到的特质。

　　这些品质也正是目前职业技术院校培养的重点。马宏达所在学校——浙江建设技师学院院长钱正海告诉天目新闻记者，学校把"工匠精神"作为思政课程的核心，融入所有课程。在技能培训方面，学校推广先进工艺工法，学生的课业标准高于国家标准。日常教学中，老师注重培养学生的思考力，让学生不断反思如何改进可以比上一次做得更好。"不管做什么，都要动脑反思和创新，且要沉下心来。只要长期专注一件事，都能取得不错的成绩。"

职业技术院校毕业不止做"蓝领"

　　天目新闻记者看到，在浙江建设技师学院的校友墙上，许多昔日的毕业生已走上大中型企业管理岗位，还有人成为特级技师、首席技师。

浙江建设技师学院的校友墙（天目新闻记者 摄）

钱正海说,学校毕业生的走向,证明职业教育不只培养"蓝领",学生进入职场后,既可以走上管理岗位做"白领",也可以成为特级技师、首席技师,享受和工程师、高层次人才同等待遇,还可以自主创业,创造更多就业岗位反哺社会。

钱正海提到的技能人才的待遇和地位变化,与职业教育改革分不开。今年4月20日,《中华人民共和国职业教育法》(以下简称《职业教育法》)修订通过。天目新闻记者梳理发现,与96版《职业教育法》相比,新《职业教育法》将职业教育推向全新的高度,解答了家长最关心的职业教育与普通教育的落差问题。

首先,新法明确职业教育与普通教育具有同等重要地位,且可以相互融通;其次,新法明确职业教育与普通教育的成果证书可互认。

在教学上,新法提升了职业教育的管理层次,由国务院统筹协调全国的职业教育工作,一改以往技工院校和职业培训"不正规"的局面;新法明确了职业教育包括综合素养和行动能力两大部分,当中涵盖科学文化知识和职业道德,强调职业教育是培养"高素质的技术技能人才",解除了家长"担心孩子在职业院校文化素养落后"的忧虑。

在职业道路上,今年以来,我国探索建立了"新八级"职业技能等级制度,向下补设"学徒工",向上增设"特级技师"和"首席技师",破除了技术工人的职业"天花板",让技能人才的路越走越宽。钱正海告诉天目新闻记者,特级技师的工资待遇比照正高级工程师,首席技师可比肩企业高管。

职业教育师资力量越来越强

在采访中,马宏达告诉天目新闻记者,自己未来想加入职业教育教师队伍,把经验传授给更多学弟学妹。

实际上,已经有和马宏达一样的世赛冠军站上了三尺讲台。比如曾在2019年获世界技能大赛美发项目冠军的石丹,现就在其母校授课。这也是技能人才的另一

媒体眼中的
2022年世界技能大赛
特别赛

石丹（图片由受访者提供）

条发展道路——成为老师。许多地方出台政策，技能人才享受和副教授、教授同等待遇。比如石丹就享受杭州市政府特殊津贴，还是杭州工匠学院客座教授。

新《职业教育法》也明确，在教师机会与待遇方面，将职业教育教师的培养培训工作纳入教师队伍建设规划，建立健全职业学校教师岗位设置和职务（职称）评聘制度。立法和制度设计上的完善，直接推动更多优秀毕业生和技术工人加入职业教育的队伍，形成正循环。

在走访中天目新闻记者了解到，杭州职业技术学院教师王赟曾在杭汽轮工作11年，创新点子多次获奖并被企业推广，获评浙江省首席技师，三年前重返校园成为一名教师，把自己多年来积累的"产品精度0.01毫米"经验传授给更多学生，拉高了其所在的智能制造学院教学标准。

中国劳动和社会保障科学院特约研究员邓宝山指出，一系列的政策，使得职业学校学生在升学、就业、职业发展等方面与同层次普通学校学生享有平等机会，提升了职业教育教师的素质和职业发展机会，必将提高职业教育的社会认知度。

记者：申思婕

《钱江晚报》

初中成绩一般又调皮，如何拿到世界冠军？
这位冠军回母校传授经验

2022年11月11日

"刮腻子刮成世界冠军"！上个月，"00后"浙江小伙马宏达在世界技能大赛夺冠，这一新闻被新华社、人民日报、央视新闻等央媒转载报道，一度冲上热搜，引发舆论关注——法国当地时间10月23日，2022年世界技能大赛特别赛法国赛区收官，中国代表团斩获2金2铜。其中，浙江选手马宏达获得抹灰与隔墙系统项目金牌，实现中国队在该项目上金牌"零的突破"。

昨天（11月10日），钱江晚报·小时新闻记者在杭州第十中学亲眼见到这位"刮腻子"世界冠军，戴着黑框眼镜，穿着比赛服，背上双肩包重返初中母校。

初中成绩一般又调皮　如何成为世界冠军

马宏达是杭十中2016届毕业生。六年前，16岁的他并没有成为中考场上的赢家；六年后，22岁的他获得世界技能大赛冠军，载誉归来。

初中班主任俞朔晗已经5年没见过马宏达了，因为升入中职学校一年后，马宏达

报名加入了训练队,此后5年一直在参加集训,基本没放过假。

所以当马宏达冲上去拥抱班主任时,俞老师甚至没反应过来:"五年没见,他沉稳了不少。面前的马宏达和我记忆中的学生,一时间没法合二为一。当初刚接班时,班里有两个小调皮,其中一个就是马宏达,只不过他皮得比较低调。"

这次回母校,马宏达与杭十中师生分享了自己的初中生活。他小学毕业后,从温州到杭州念书,"当时人生地不熟,胆子又小,是俞老师不断在人际交往上给我信心,不然像今天在全校面前分享,我可能连话也说不出。"

马宏达坦言,自己初中成绩很一般,但俞老师对他仍然抓得很"紧","上课也很严格,要是有不懂,他还会进行辅导。"到了初三,俞老师唠叨最多的就是升高中,马宏达打算毕业后读职校,学习一技之长。"俞老师也很支持,他常和我说,要以兴趣爱好为选择的第一原则。"

因为父母是装修工人,自己动手能力也比较强,升学时,马宏达毫不犹豫地填了浙江建设技师学院,报名建筑装饰技师班。

除了选准兴趣所在,在俞老师印象里,马宏达还有一项特质——做事有着极强的韧性。"初中时,有个同学说他长得不够高,马宏达就每天坚持锻炼,长高了不少。"俞老师回忆,"他性格开朗、集体观念强,班级各项活动从来不会少了他的身影,而且认准一件事,就会执着去完成。他现在的成绩,跟他在初中隐约表现出的性格优势分不开。"

想带上抹灰工具回母校 给同学们刮个腻子

2016年刚进高中,马宏达还不知道有世界技能大赛(简称"世赛")这一平台,第44届世赛上,马宏达的两位高中学长代表中国出战,他才了解到还有这样一项"世界技能奥林匹克","能够将职业技能作为竞技项目,我当时就很感兴趣。"

2017年,教练来新生班级选苗子,马宏达毫不犹豫报名,从此与世赛结缘。这

5年来，马宏达每天训练7小时以上。听上去好像不长，学生每天学习都不止7小时，但抹腻子是强度比较高的劳动，"一张石膏板就有50多斤，一整套作品完成，总重量能有一吨。实训非常累，相比之下，学习已经是比较轻松的事了。"

马宏达说，从那以后，自己基本没有双休日和暑假，寒假也只有过年回家几天。杭州的夏天炎热，室内有四十多度，实训场地又没有空调和吊扇，热到浑身淌汗。冬天又特别冷，因为室内抹灰要用到水，水龙头打开冰到刺骨。

世界技能大赛项目赛程为期4天，第一天比赛6小时，赛场上要全力冲刺，根本没有休息时间。"下午结束时，我从赛场到门口走了10分钟，已经累到走不动了，只好在路边找了个石墩子坐下缓了缓，再慢慢走去地铁站。"

"每天都干同样的事，肯定会觉得累，但每次完成作品后，我的内心会很满足。"马宏达说，"练了这么多年，世赛舞台上，我已经发挥出了100%的水平。对这个比赛作品，我已经问心无愧了。"

"不少人认为，抹灰看不出技术含量。但在世赛中，操作误差往往不能超过一毫米。"是否干净、洁白、光滑，这是判断抹灰水准最直观的标准。"口头上说可能没法感受，有机会我一定带着抹灰工具，重返母校给大家展示刮个腻子。"

一技之长，能动天下　做各自领域的"刮腻子冠军"

见面会上，马宏达还同初三学生分享寄语，"问心无愧"是他经常提到的四个字。

"初三这一年，还可以再加把劲。"作为过来人，马宏达告诉学弟学妹们，"你们现在所学，是今后从事各行各业都要用到的基础知识。比如我做抹灰与隔墙，看图纸肯定要用到数学，参加国际比赛，交流需要用英语，好好学习比什么都重要。"

"如果之后确定走职业教育这条路，也一定要选喜欢的专业，既然要做就一定要做好，问心无愧最重要。"

"一技之长，能动天下"，这是第46届世界技能大赛的主题口号，也是马宏

达的座右铭。在他看来,选择自己喜欢的专业用心去做,任何事情做到极致都了不起。

校长陈积粮也在发言中表示,社会需要多元化人才,也需要专业人才,此番马宏达在世界技能大赛中携金牌归来,极大激励了全体十中师生在专业技能、个人专长方面的更进一步的发展与成长。"人人是才,人人成才。希望每位同学都能发挥所长,做自己人生道路上的冠军!"

记者:戴欣怡

《南方周末》

媒体眼中的
2022年世界技能大赛
特别赛

"技能报国"冲金之路：像奥运选拔一样，炼成技工"国家队"

2022年11月17日

■ "航空发动机能设计出来，但是没有高超的焊接等工艺，也造不出来。"提到产业升级，人们会联想起科学家、工程师，其实现代工业是一个协作体系，技术工人的作用同样不容小觑。

■ "选拔机制有点像奥运会。"从小地方到大地方，一级一级举行职业技能比赛，省级胜出者进入全国选拔赛。全国前10名进入国家集训基地，成为国家队选手。

■ "三分之二以上的选手，来自农村。"一位人社部相关负责人对南方周末记者说，自2011年起，中国已经参加六届世赛，参赛选手215名，农村选手占绝大多数。"世赛改变了这些孩子的命运。"

夺冠后，马宏达（右）和他的教练徐震（左）合影留念（受访者供图）

在法国赛区拿下世界技能大赛（以下简称世赛）特别赛"刮腻子"项目冠军之后，2022年11月7日，马宏达和他的教练绕道，专门去了一趟北京。他们瞻仰天安门，观看升国旗。最后，马宏达挂着金灿灿的奖牌，在广场上拍照留念。照片发到朋友圈，他配上铿锵有力的一句话："升国旗，奏国歌！"

冠军凯旋，他先是登上央视，分享夺冠心路历程；回到浙江省，主管部门横幅夹道；高中母校还邀请他交流分享，并成立"马宏达匠心工作室"，要学弟学妹学习马宏达走上"技能报国之路"。

所到之处，马宏达一直都攥着他那面鲜艳的五星红旗。

实际上，这枚金牌的背后，蕴含着更深的意义。"和奥运会差不多。"世界技能大赛中国（天津）研究中心副教授陈晓曦说，国家层层选拔技工人才成立"国家队"，进行长达5~6年的刻苦训练，冲击世赛。

"这一批人，将来进入到各行各业，对咱们国家相关产业发展会有很大的积极

媒体眼中的
2022年世界技能大赛
特别赛

影响。"人力资源社会保障部一位相关负责人对南方周末记者说,能够培养出世界冠军,会在社会上起到示范带动作用,这样的投入是值得的。

一刀练5年

马宏达屏气凝神,手臂弯曲,端着一把刮刀,擎在腰间。右手握着抹泥刀木柄,稳稳划过去。石膏板由浅变深,表层出现一道乳白色腻子。

"看到这个材料,当时有点心慌。"回忆起10月10日临近开赛那日,马宏达记得,接到消息称现场采用6毫米石膏板,比平时训练所用12毫米板材薄了足足一半。面对这一突发状况,他和教练商量调整了方案。

刮过去的这么一刀,马宏达已经足足训练了5年。墙面越平得分越高,在五个半小时内完成操作,对选手稳定性考验极大,依靠的是成年累月练习养成的肌肉记忆,"误差不能超过一个毫米"。

马宏达目前是浙江建设技师学院学生,这是一所成立于1978年的国家重点技工学校。2015年以来,人力资源社会保障部先后在该校设立抹灰与隔墙系统(俗

马宏达在比赛中。这个项目,
他练习了整整5年(受访者供图)

称"刮腻子")、混凝土建筑、数字建造、瓷砖贴面等项目的"世界技能大赛中国集训基地",承担国家队集训任务。据学院官网介绍,在上一届即第45届世赛全国选拔赛上,该校有13名选手进入5个项目的国家集训队。

"每年光材料消耗,就要上百万。"徐震是该校教师,也是马宏达的教练。他介绍,国家对训练研发中心非常重视,中心有一支平均年龄35岁、共18人的教练团队。"集中训练,很严格,很刻苦。"

"培养一个冠军,平均要花两百万。"一位冠军教练这样总结。

"国家这几年很重视,投入很大。"早在1991年,陈晓曦就曾参加过"中国青年奥林匹克技能竞赛"。他向南方周末记者介绍,技能培训、技能竞赛是人力资源社会保障部门的职责,因此,由各级人力资源和社会保障部门投入资金,在全国各地的技工院校、职业学校、企业设立集训基地,层层选拔人才集中训练。

像这样的国家集训基地,人力资源社会保障部在全国245家单位中共设立有346个——这是迎接2022年第46届世赛、冲击奖牌的国家布局,集训基地与上届相比,总数再创新高。

第46届世赛原本承办城市是上海,受新冠肺炎疫情影响,比赛改于9月中旬至11月下旬,在15个国家分散举办,共设62个比赛项目,中国共派出36名选手,参加34个项目的比赛。

为摸清世赛项目的技术要求,教练们耗费大量精力,将历届大赛技术文件逐一翻译,分析各项工艺,调试数百种工具和设备。"到了节假日,我们这里也是灯火通明,选手和教练都在忙。"徐震说。

由于涉及英文说明书和图纸,队员还要补修英语、数学等文化课。此外,一个项目的比赛会持续数日,进行长达数小时连续操作,体能训练也是重要内容。"是一个体力活,体能和营养都要跟上。"

"进入到国家队后,早上六点半左右起床,进行2500到3000米的晨跑。"沈文青向南方周末记者介绍。她是本届美发项目亚军，来自杭州轻工技师学院。由于常年双手浸泡在水中，理发店的很多员工手指都有开裂现象，"我们这个行业的人，还是比较能够吃苦的"。

像奥运会一样全国选拔

国家队背后，是一级一级的全国选拔比赛。"选拔机制有点像奥运会。"陈晓曦解释。

从小地方到大地方，一级一级举行比赛，经过淘汰筛选，最后进入国家队集中训练。他解释，能够参加大赛、赢取奖牌，对学校的好处非常直接，校方普遍重视。所以，世赛在中国的职业教育领域推广度很高，近几年，国内竞争正在变得激烈。

来自广东揭阳的吴鸿宇，刚刚拿下本届大赛的数控车项目冠军，这也是他的母校广东省机械技师学院获得的第10块金牌。"我就是因为听说了这个比赛，才来的我们学校。"吴鸿宇回忆，学校招生宣传时，会把世赛成绩作为介绍重点，以此证明学校在这个专业上实力强劲，学生就业也有很好的出路。

广东省机械技师学院拥有6个项目的国家集训基地，每一个入校新生，都有机会报名参加选拔。不过，每个项目全校只选出一名选手，代表学校参加省里的比赛。"那次发挥失误，以为落选了，很沮丧。"吴鸿宇说，在广东省选拔赛中，他只获得第三名，不过幸运的是，这次省队挑选5名选手集中训练，再从这5名选手中决出第一名，参加全国比赛。

吴鸿宇说，技能大赛选拔赛是学校头等大事，校领导非常重视，抽调精锐师资进行培训，后勤保障也细致到位。同时，国家现在很重视职业教育，凡是农村学生，国家都免学费。

全国赛的前十名，组成国家队，进入国家集训基地。然后，再花一年时间进行阶段式选拔，每6个月进行一次淘汰，最后在大赛前两个月，选拔出最优秀的一名

选手,作为正式选手。

马宏达也曾被淘汰过。2019年第45届世赛在俄罗斯喀山举行,马宏达是作为有天赋潜力的后备选手,跟着代表团到现场观摩。此前,虽然已接受专业训练两年时间,但是在选拔阶段,他惜败给了师兄。

马宏达回忆说,看着五星红旗在赛场飘扬,他坚定了自己冲击金牌的决心:"我一定要更加刻苦训练,争取披着国旗站上领奖台。"

世赛每两年一届,中国的选拔赛在其间隔年举行。选手一生只能参加一次比赛,年龄通常不能超过22岁。"这样的限制,可以源源不断地培养技能人才,投入到社会当中。"陈晓曦说。

世赛起源于二战后的欧洲,1950年由西班牙和葡萄牙两国联合举行,比赛创办的初衷,也正是为了满足社会对高级技工日益增长的需求。

不过,有些项目更多是示范和引领作用。精细木工项目金牌选手邵茹鹏非常清

邵茹鹏(中)获得精细木工项目金牌(受访者供图)

楚，从一开始，他就是奔着参加世赛而去。因为在欧洲，精细木工的工作其实是个性化门窗定制，而在中国国内暂时没有大范围产业应用场景。

像精细木工这样的冷门项目，产业和专业基础较少，只有在基地内才有训练条件。如果能够成为世赛集训基地，则意味着拥有持续投入并保障该校在这些项目上较长时间的优势。

不过，一开始邵茹鹏并不了解这个项目的意义，很大程度是因为受到感召。"学校对这个项目宣传很到位，说这个比赛很好。"2018年，邵茹鹏刚刚进入上海市城市科技学校时，所学专业是建筑工程施工。他和很多同学一样都报名参赛。凭借着天赋和韧性，邵茹鹏一路开花结果，坚持下来。之后，他放弃原专业的学习，全身心投入到精细木工的训练当中。

如今，他和马宏达的金牌喜讯，都一直挂在各自学校官网首页首屏上。

邵茹鹏摘金的消息，在他安徽老家蒙城县也引起轰动。村支书在接受媒体采访时说，邵茹鹏给国家争取了荣誉，给家乡争了光，"我也代表双桥村两委和双桥村五千多名群众，对邵茹鹏和他的家人表示热烈的祝贺，也希望邵茹鹏能再接再厉，为国家取得更多的荣誉"。

"三分之二选手，来自农村"

沈文青老家也在安徽农村，她曾是一名留守儿童，8岁才被父母接到打工的城市杭州生活。中学毕业后，父母为她选了美发这门手艺，觉得可以掌握一技之长，同时又不会太辛苦。后来发现，其实要想把一门手艺学精，哪怕是美发，也需要下功夫。在国家集训队，她得到很多激励和鼓舞，培养了自己的荣誉感和爱国情怀，"觉得自己有价值，很有归属感"。

从中学毕业那年算起，沈文青已经练习了八年，不知道用坏多少个头模，一个头模的价格七八百元。"很多人会觉得，理一次头发要一百多，就觉得很贵，其实

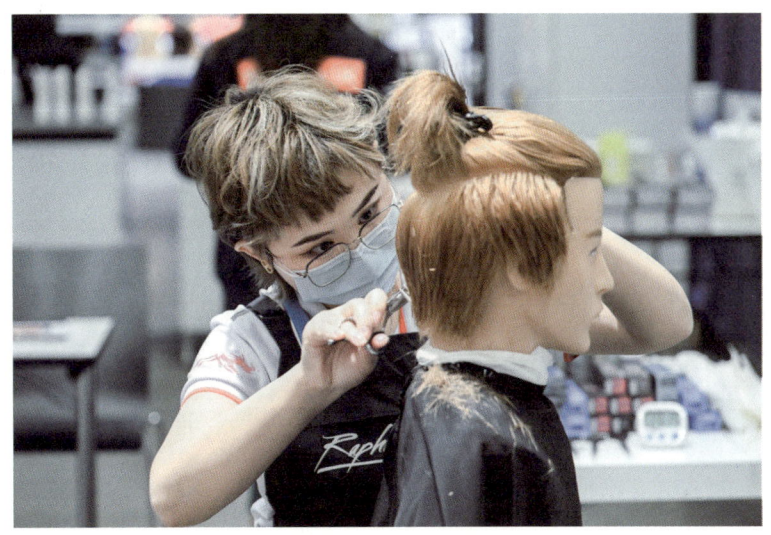

沈文青在比赛现场（受访者供图）

根本不算贵。"沈文青说，美发基本还是靠手艺吃饭的行业。

"三分之二以上的选手来自农村。"前述人力资源社会保障部相关负责人对南方周末记者说，自2011年起，中国已经参加六届世赛，参赛选手215名，其中，来自农村的选手占绝大多数。

在本届世赛特别赛上，截至2022年10月25日，中国代表团在已完赛的27个项目上获得15枚金牌、3枚银牌、3枚铜牌和5个优胜奖。

"世赛改变了这些孩子的命运。"这位人力资源社会保障部负责人回忆，杭州技师学院汽车喷漆专业很强，背靠长三角产业集群，就业形势和收入都不错。但是，由于外界对这一专业认知度不够，在当地招生并不理想。于是，学校去到云南一个扶贫地区定向招生，其中就有两名学生，后来先后拿到汽车喷漆项目的世界冠军。

"拿了金牌之后，据这个学院院长讲，这个原本冷门的专业当年招生火爆，而且别的学校的这个专业，也好招了。"人力资源社会保障部负责人介绍，其中一位冠军选手杨金龙，毕业后在工作岗位上一路奋进，还当上了全国人大代表。

"这些独特经历，足以改变他们的一生。"陈晓曦认为，年轻人熟练掌握一门技艺，已是一个不错的出路，如果能在世界舞台上拿奖，前途更加宽阔，而且直接收益相当丰厚。

陈晓曦说，世赛奖励机制和奥运会接近。对于获得金牌、银牌和铜牌的选手，国家会分别奖励30万元、18万元、12万元的奖金，省市一级政府部门也会有几十万元的奖金。人力资源社会保障部会授予获奖选手"全国技术能手"称号，职业技能等级的相应职称也会得到晋升。目前，很多获奖选手得到了留校任教的机会。

奖励并不只是中国独有。陈晓曦介绍，比如韩国选手如果能够在世赛上获奖，可以免服兵役，甚至总统都会亲自接见，"通过一系列奖励，韩国开始渐渐扭转对技能人才的偏见"。

"国家的产业，也到了这个阶段了"

杨登辉是数控铣项目教练，也曾是世赛金牌选手，他的学生摘得本届金牌。他告诉南方周末记者，组建选手梯队集训的模式比较普遍，不同之处在于，欧洲国家的训练中心主要设立在企业，参赛主体是企业；中国主要设立在职业学校。

杨登辉解释，欧洲国家的制造业发展阶段相对较高，社会对高级技术工人的需求度很高，所以有实力的企业有动力、有经费开展世赛专门训练。但是，中国国内的制造业附加值普遍不高，承担不起大赛任务。但是，国家又有着助推制造业升级的强烈愿望，所以主动承担起这一任务。

"说明咱们国家的产业，也到了这个阶段了。"杨登辉回忆，多年前，他曾到珠三角的一家模具厂实习，深深被制造业的不易所触动。因为模具加工厂的附加值低，辛辛苦苦做出来的产品只能赚取微薄利润，很难有余力投入大笔资金进行技术升级。

杨登辉分析，技术工人群体的素质和产业的发展水平相辅相成。由于产业处于初级阶段，技术溢价很低，赚钱能力低，雇佣不起高水平的技术工人，久而久之，又因为缺乏高级技工，更难开展技术升级。反之，如果高级技术工人数量多起来，

自然可以推进制造业升级，升级之后的企业，盈利能力大幅提升，便可以提升高级技工的收入。

陈晓曦说，像德国、日本这样的世赛强国，职业教育和技能人才培养能力都特别强，制造业和经济的韧性也特别强，"它们的制造业足以抵抗经济风险"。

"世界技能大赛对职业教育具有引领和带动作用。"陈晓曦认为，提到职业教育，社会可能还存在一定偏见。通过世赛的推广，大家渐渐就会对技能人才产生认同，有助于形成一个比较积极的氛围。

"航空发动机能设计出来，但是没有高超的焊接等工艺，也造不出来。"上述人力资源社会保障部负责人举例说，他曾去过一家航空航天领域的工厂调研，发现如此高精尖的企业，有60%的员工皆为技术工人。他说，提到产业升级，人们会联想起科学家、工程师，其实现代工业是一个协作体系，技术工人的作用同样不容小觑。

记者：李在磊

红星新闻

**媒体眼中的
2022 年世界技能大赛
特别赛**

世界技能大赛特别赛上，这位成都教师助中国代表团实现项目金牌零突破

2022 年 10 月 20 日

10 月 19 日中午，参加世界技能大赛特别赛韩国赛区比赛的中国代表团落地武汉天河国际机场，载誉归来。

两天前，2022 年世界技能大赛特别赛韩国赛区传来消息，中国 6 位选手拿下了 3 枚金牌、1 枚铜牌和 2 个优胜奖的好成绩。其中尤为值得一提的是，成都教师屈丹丹协助参与的云计算项目，实现了我国在该项目上金牌零的突破。屈丹丹也是本次世界技能大赛中国代表团中唯一一名来自四川的成员。

成都市机械高级技工学校教师屈丹丹

比起奥运会、世锦赛等赛事，很多人可能对世界技能大赛了解不多——这项比赛是目前最高层级的世界性职业技能赛事，由世界技能组织举办，每两年举办一届，其竞技水平代表了各领域职业技能发展的世界先进水平，因此也被誉为"世界技能奥林匹克"。

成都女教师担任翻译　助力中国选手冲金

屈丹丹来自成都市机械高级技工学校，此次参赛，她的身份并不是选手，而是翻译。选手参加比赛，为何会需要老师做翻译？

屈丹丹解释，以今年的比赛为例，云计算项目正式比赛时间为4天，合计共有多达数十页的英文题目。如何让选手们精准地理解题干和作答要求，翻译就成了十分重要的一个环节。

不仅量大，这类技能大赛还涉及大量专业名词，如果翻译出现偏差，可能选手的作答就会离题万里。屈丹丹举例，大家都熟悉"traffic"的意思是交通，但在云

2022年世界技能大赛特别赛比赛现场

计算项目里,就要翻译成"流量","token"也不再是"礼券"的意思,而应被翻译成"令牌"。

为了保证有充分的时间精准翻译,在韩国比赛期间,屈丹丹和其他负责翻译的成员每天都提前到达赛场做好准备,把十几页的考题内容翻译好,再交由选手作答。

本次比赛,中国代表团一共有34名翻译成员,每个人负责翻译哪个比赛项目,则是在3个月前抽签决定的,"这种随机性,也是为了保证比赛公平"。抽签完毕,34名翻译就和专家及选手一起,组成34个项目参赛小组。

屈丹丹抽中的是云计算项目,于2022年10月13日到10月16日在韩国举办,该项目共有来自14个国家和地区的14名选手角逐。同时进行的,还有移动应用开发、商务软件解决方案、3D数字游戏艺术等7个项目。

尽管有着近9年教龄,英语也达到了专八的水平,但当时屈丹丹压力却很大。仅有两个多月的时间准备,她不但要熟悉赛事的新规则、专业术语、比赛设备说明等,还要做好专家会议翻译等工作,而一个小小的翻译失误都可能影响比赛成绩,甚至影响比赛进程。

打破纪录　以接近满分优势提前锁定金牌

10月9日下午,包括屈丹丹在内的中国代表团成员抵达韩国仁川国际机场。

他们本次角逐的云计算项目,是第45届世界技能大赛新设立的项目之一,重在考察选手在公有云平台上按照设计的架构部署云资源,完成基础设施的搭建、管理运维及维护公有云设施的安全。

这也是所有世赛项目中唯一需要联网进行比赛的项目,比赛分数会随着选手的操作实时跳动,过程极为"惊心动魄"。

有一个背景是,在上一届该项目的比赛中,中国队未获得名次,遗憾败北,因此,此次再度参赛,每个团队成员心里都铆着一股劲儿。

云计算项目实时积分排名榜单

留给他们熟悉场地、熟悉规则的时间也不多。屈丹丹回忆，正式比赛前三天，她主要是陪同云计算项目专家参加会议，陪选手熟悉设备等。

10月13日，比赛正式开始。这期间，屈丹丹除了做好专家的助手、选手的朋友和语言的桥梁之外，还需要对比赛的规则十分熟悉，应对比赛当中可能会发生的各种突发状况。

随后的四天里，屈丹丹作为翻译，每天早上五点（整段提到时间皆为韩国当地时间）起床，七点到达赛场，上午七点半到九点的一个半小时，先把题目翻译完毕；上午九点到九点十分，为选手口头翻译比赛注意事项；上午九点二十五分到九点三十分，回答选手在考试题目中遇到的不明确问题，其余时间则陪同专家协助参加会议；下午四点半比赛结束后，屈丹丹再继续担任专家评分时的翻译，直到评分结束，签字确认成绩，有时甚至要忙到凌晨一两点。

比赛过程中，屈丹丹也会遇到题量陡增的时候。比如，10月13日比赛翻译的题目将近20页，"题量相对较大，当时压力不小，好在有扎实的功底和充分的准备，还是完成了翻译，为选手提供了精准的试题。"

经过四天的角逐，10月16日，云计算项目中国选手——深圳技师学院教师陈新源，以每天接近满分的压倒性优势，提前锁定了云计算项目的金牌，这也是中国

媒体眼中的
2022 年世界技能大赛
特别赛

云计算项目冠军陈新源登上领奖台

代表团参加世界技能大赛以来，在该项目首次获得金牌。

见证职教人站上世界领奖台　她说自己看到了职业教育的光明前景

10 月 17 日，看到职教人站上世界领奖台的那一刻，屈丹丹十分激动。"作为一名职教老师，我觉得非常骄傲，调皮、差生不该是职教学生们的标签。"

屈丹丹报名比赛的翻译工作，已经两年前的事情了。

2020 年上半年，第 46 届世界技能大赛翻译选拔报名在全国范围内发起。在成都市机械高级技工学校领导的支持下，屈丹丹填写了报名表。当时，各地、相关行业部门推荐的报名者一共有 682 人。

经过初步筛选，2020 年 9 月，屈丹丹和另外 95 名候选人进入了下一轮培训。

培训进行了 3 天，主要培训跨文化沟通能力和英语专业能力，以及介绍世界技能大赛等内容，随后又进行一轮面试，最终留下了 34 人。

这场面试，屈丹丹至今印象深刻。面试时，一个房间里，十来个面试官，1 位面试者，全英文交流"为什么要报名做翻译""打算如何服务好（世界技能大赛）××项目"等问题。面试后两个多月，屈丹丹收到了自己被选中的通知。

团队合影（左为上海工程职业大学刘翔教授，中间是冠军陈新源，右为屈丹丹）

2022年9月27日，2022年世界技能大赛特别赛中国代表团成立。此次中国参加34个项目，备赛选手、专家和翻译等共146人，其中，四川仅屈丹丹一人入选。

回顾整个备赛、比赛过程，屈丹丹觉得这趟收获颇多。"此前准备面试、备赛，过程虽然很辛苦，但现在想起来，当时的选择是对的，职业教育也有着光明的前景。"

韩国归来　她想给职校学生讲两个故事

本科毕业6年后，2019年，屈丹丹成为了成都市机械高级技工学校的一名英语老师。

接触一段时间后，屈丹丹对职校学生有了更深的了解。"坦白说，长期以来，因为一些认知上的惯性，从家长到社会，大家都更关注普高，所以，普高学生的光芒也更容易被看到"。

但是，在职校工作了3年多以后，屈丹丹说，她在职校学生身上，也看到了非常多的闪光之处，而且，这些闪光之处也很需要被社会看到。

本来，今年9月，屈丹丹就该跟她新一届高一的孩子们见面，但由于线上教学、参赛及其他一些原因，她直到现在都还没跟学生们正式线下见面。

媒体眼中的 2022 年世界技能大赛
特别赛

结束韩国之行,她也将回到课堂。给孩子们的"见面礼",她也准备好了,是两个故事。

一个故事是,三年前,在俄罗斯,中国队第一次参加世界技能大赛云计算项目竞赛,连优胜奖都没有拿到。但三年后,中国队以接近满分的成绩夺得金牌,刷新了世界各国在该领域对中国技能水平的认知。

另一个故事,主角是这次参加世界技能大赛的选手们,"他们当中的一些人,当初中考成绩不理想,成为了职校学生,但他们经过多年的努力,用实力站在了世界之巅。"

记者:李宇欣